キリスト教史
はじめの一歩

大村 修文

キリスト教史 はじめの一歩 ＊ 目次

はじめに　4

第一章　古代のキリスト教

　第1節　キリスト教成立の背景とイエスの時代　8
　第2節　ペトロ、パウロの活躍（キリスト教会の基礎）　12
　第3節　ローマ帝国による迫害と公認　16
　第4節　古カトリック教会の教えの確立　20

第二章　中世のキリスト教

　第1節　キリスト教のゲルマン人への浸透と
　　　　　　　　　　　　　　ローマ教皇権の伸張　26
　第2節　東方教会の発展　31
　第3節　教皇と皇帝の対立と十字軍　35
　第4節　ヨーロッパ中世の文化　40
　第5節　教皇権の動揺と異端の動き　45

第三章　宗教改革の時代

　第1節　ドイツの宗教改革（1）　50
　第2節　ドイツの宗教改革（2）　54
　第3節　スイスの宗教改革とその影響　57
　第4節　イギリス（イングランド）国教会の成立　61
　第5節　カトリック改革（対抗宗教改革）　64

第四章　近代欧米のキリスト教

第1節　イギリス革命　68
第2節　啓蒙主義と敬虔主義・メソディズム　72
第3節　17世紀から19世紀の北アメリカのキリスト教　77
第4節　ヨーロッパ市民社会のキリスト教　81
第5節　20世紀前半の欧米のキリスト教　85

第五章　アジアと日本のキリスト教、
　　　　　そして現代世界のキリスト教

第1節　アジアのキリスト教と日本のキリシタン　90
第2節　19世紀後半の日本のプロテスタント・キリスト教　95
第3節　20世紀前半の日本のキリスト教　100
第4節　現代世界（第二次世界大戦後）におけるキリスト教
　　　　　　　　　　　　　　　　　　　　　　　　106

キリスト教史略年表
　（1）1世紀から11世紀　112
　（2）12世紀から16世紀　113
　（3）17世紀から19世紀前半　114
　（4）19世紀後半から20世紀初め（第一次世界大戦まで）　115
　（5）20世紀（第一次世界大戦後）　116

おわりに　117

はじめに

　キリスト教は世界の三大宗教の一つであり、ヨーロッパ、北米などの歴史は大きくそれによって動かされてきました。アジア、アフリカ、中南米にも伝えられて影響を及ぼし、特に今日ではそれらの地域で活発化しています。

　キリスト教学校で学ぶ一人ひとりにとって大切なことは、自分と真剣に向き合い、聖書の言葉に聞いて、それを受け止めて生きることです。それは日々の礼拝と聖書の授業、宗教行事などでなされていくわけですが、キリスト教の内容とともに、その歴史を学ぶことも、キリスト教をよく理解するための助けとして有効です。

　皆さんの学校の「建学の精神」がどこから生じ、それがどのような歴史的背景と意味を持っているのかを知ることは、日本と世界の将来を担う皆さんの今後の歩みにとって大切なことではないでしょうか。歴史を学ぶのは、現在を理解し、未来への展望を持つためだからです。

　歴史的に成立し発展してきたキリスト教の歩みは、人間の集団の営みですから、現実のキリスト教会も神の国と決して同一ではありません。さまざまな外側の状況に制約され、また欠点も持っており、本書ではそれらも隠さず明らかにしています。

　しかしそれらのことを越えて、神を信じ神が自己を示されたイエス・キリストに従って生きようとした人々の深い信仰と熱意に満ちた使命感による歩みが歴史を動かしてきた事実から、そこに働いている大きな力に気づいて欲しいと願うのです。

　2000年に及び世界中に広がったキリスト教の影響はあまりに大

きいので、その全体像を知るには、この限られた紙数の小冊子ではとうてい不可能です。したがって、ここでは世界史的背景の中でキリスト教史の大筋が見渡せるためのごく大きな流れ、ごく重要な事柄や人物だけを取り上げています。本書はあくまでキリスト教の歴史を初めて学ぶ人のためのもので、「キリスト教史」の学びに入りかけるという意味でその「入門」とも、はじめの一歩を踏み出すという意味で「初歩」ともいえるかもしれません。

また、プロテスタントの立場を主にして書かれているということをご理解いただきたいのですが、それよりはるかに長い歴史を持つローマ・カトリック教会や東方教会についても、それらの重要性を踏まえてその立場からの文献を参考にしつつ述べるようにしました。

章立て、すなわち時代区分の仕方に関しては、今まで一般的とされてきたものにほぼ従っていますが、異なる区分法も種々存在します。

歴史の本は、何を取捨選択するかによって書く者の歴史の見方が現れますが、そこからどのようなメッセージを汲み取り、自分の生活にどう生かしていくかは、皆さんが聖書の先生方の導きを受けながら考え、選び取ってください。

それによって、一見過去の事実の羅列(られつ)のように見える歴史の本から、キリスト教とはどのような宗教かということがわかってくるとともに、現代に生きる私たちにとって実は深く関係のある事柄が浮かび上がってくるはずです。

本書による学びが若い方々の知的成長のみならず、たましいの成長に何らかの役割を果たすことができれば、大きな幸いです。

成人の方で「キリスト教の歴史のあらすじを知ってみたい」と思われる方々にもお読みいただければ、大変光栄に存じます。

第一章
古代のキリスト教

　キリスト教は古い歴史を持つユダヤ教から出て、ユダヤ教の民族的な枠を越え、世界の人々が信じる宗教になりました。
　イエスが生まれた時代は、地中海世界をローマ帝国が支配していました。その一領土であったパレスチナで活躍したイエス・キリストのたぐいまれな愛に満ちた生き方と、究極の愛のしるしとしての十字架による死、そしてその復活によってキリスト教が成立しました。
　弟子たちの伝道によって広まったキリスト教は、激しい弾圧にもかかわらず帝国全体に広がり、やがてローマ帝国に公認され、ついには国教にまでなりました。そして西ローマ帝国が滅びた後も、ヨーロッパ大陸全体に広がっていきます。さらにキリスト教は世界に広がる宗教に発展しました。
　どうしてこのようなことが起こったのでしょうか。

第一章　古代のキリスト教

第1節
キリスト教成立の背景とイエスの時代

　キリスト教はユダヤ教から生まれ、それを根本的に革新した宗教ですので、ユダヤ人の歴史をごく簡単に学ぶところから始めます。

　現在のユダヤ人の先祖に当たるヘブライ人（古代イスラエルの人々）の社会では、古代オリエント世界（オリエントとはギリシア・ローマから見て東という意味で、ほぼ現在の西アジアに当たる）には珍しく、ただ一人の神《ヤハウェ》が信じられていました。

　ヘブライ人はメソポタミアから今のパレスチナに移住し、一時はエジプトに移住したと伝えられます。そこからおそらく紀元前13世紀頃《出エジプト》を経験してパレスチナに戻り、後に王国を建て、紀元前10世紀のダビデ、ソロモン王の時代に首都イェルサレムを中心に繁栄しましたが、その後南北に分裂してしまいました。

　オリエントを一時支配したアッシリアによって北イスラエル王国が滅ぼされ、さらにその後メソポタミアを支配した新バビロニアによって紀元前6世紀に南ユダ王国が滅ぼされ、ヘブライ人はその首都バビロンに連れて行かれる《バビロン捕囚（ほしゅう）》と呼ばれる経験をしました。その頃から、それまで彼らが信じてきたヤハウェに対する信仰が教えとしてまとめられ、ユダヤ教が確立しました。

　彼らは神に選ばれた民であるという《選民思想》と、神と契約した民でありながら苦しんでいる彼らを救う方がいつか現れるという《救世主メシアを待望する信仰》を強く持つようになりました。

　この民族がペルシア帝国によって捕囚から解放された後、アレク

第1節　キリスト教成立の背景とイエスの時代

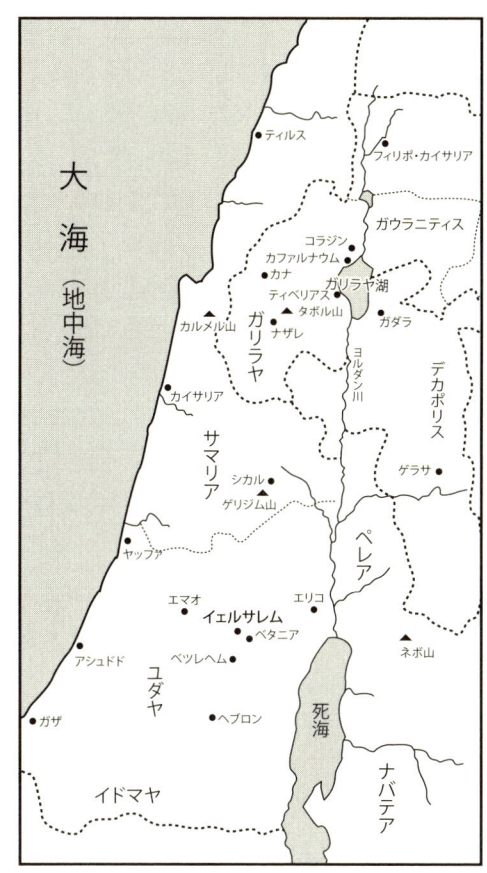

新約聖書時代のパレスチナ

サンドロス大王の征服によるペルシアの滅亡に伴ってシリアに支配され、一時はマカベア家（ハスモン家）を中心にユダヤは独立したものの、結局ローマによって征服されてしまいました。ローマ帝国がオクタヴィアヌス（アウグストゥス）によって地中海支配を完成した時代にも、救世主を待望する思想は強く残っていたのです。

　その頃、ユダヤは南部イドマヤ出身のヘロデ大王がローマから王位を認められ、彼の死後は息子たちに分割され、北部のガリラヤはヘロデ・アンティパスが治めていました。そのガリラヤ地方に、ナザレ人イエスが現れました。幼少時代のことは福音書の記事だけで

は詳しい事情は分かりません。当時民衆に広がっていた洗礼者ヨハネの活動があり、イエスもヨハネからヨルダン川で洗礼を受けました。しかし、イエスはヨハネとは全く異なった存在で、世界史を決定的に変える働きをなしたのです。

　当時のユダヤ教は、ローマの支配者に取り入って神殿を重視した祭司階級からなるサドカイ派や、経済的に比較的豊かで会堂（シナゴーグ）を拠点として律法を重視する学者などからなるファリサイ派の人たちが中心でした。どちらも宗教を大変重視していましたが、その外見にこだわり、特にファリサイ派は聖書（現在の旧約聖書）に示された律法を忠実かつ形式的に守っていました。この姿勢に対して、神が聖書を通して告げようとされていることははたしてそのようなことなのか、とイエスは鋭い批判を投げかけたのです。

　イエスは30歳を過ぎた頃「時は満ち、神の国は近づいた。悔い改めて福音を信じなさい」（マルコによる福音書1章15節）と人々に呼びかけ、その教えを広め始めました。彼は人々の病をいやし、ユダヤの選民思想の中にある排他的な考えを批判して、貧しい人などやむをえない事情で律法を守れない人々、社会的に弱い立場の人の側に立って、まず神と人、そして人と人との関係が本来どのようにあるべきかをその言葉と行動で示していったのです。それは、あらゆる人々に注がれる神の義と愛を信じ、近づきつつある神の国（神の支配）を待ち望んで生きることでした。

　イエスは決して律法を軽視したわけではありません。しかし、律法のために人間があるのではなく、律法は神の栄光と人間の尊厳を守るために神から与えられたという姿勢を貫きました。それこそ神のみ心を真に受け止め、それを現して生きることのできたただひとりの人の姿でした。しかしそのことは、当時のユダヤ教によって特権を受けていた人々、自分たちは正しいと思っていた人々には受け容れられず、彼らの激しいねたみと怒りを買ったのです。

　また、イエスが説いた「神の国の到来が近いという福音」を、ロ

第1節　キリスト教成立の背景とイエスの時代

> ◎　**死海文書について**　◎
>
> 　1947年、死海を見下ろすがけに羊を追ってよじ登っていたアラブの遊牧民の少年が、巻物のたくさん入ったつぼを、偶然発見しました。それらは紀元前2世紀から紀元後1世紀にわたる《クムラン教団》の修道院風の廃墟にあり、旧約聖書その他の写本(しゃほん)を含む巻物でした。これらが売られてやがて学者の手に入り、さらに同じような文書がたくさん発見され研究の対象になりました。
>
> 　ユダヤ教の《エッセネ派》のひとつと考えられるクムラン教団の人びととはイエスと直接の関係はないようですが、彼らの思想がわかることにより、初期のキリスト教を理解するのに参考となる重要な文書です。

ーマの支配から脱してユダヤ人の国ができることと勘違いした人々は、イエスが「神の国は、見える形では来ない」(ルカによる福音書17章20節)としたことでその期待を裏切られたと思う結果になりました。

　イエスはイェルサレムに上って宣教を続けるうちに、祭司長たちやファリサイ派などの扇動によって民衆から反発を買い、当時その地方で死刑判決を下せる資格を持っていたローマ総督(そうとく)ポンティオ・ピラト(ポンティウス・ピラトゥス、総督在位26年－36年、以後「年」は省略)に訴えられました。群衆の声に押されたピラトは、全く罪のないイエスを十字架にはりつけにしてしまったのです。時はローマの第2代皇帝(正確には元首という)ティベリウス(在位14－37)の治めた時代で、西暦30年頃のこととされています。

　しかし、イエスは3日目に甦(よみがえ)って女性たちや弟子たちに姿を現したという強い確信が広まりました。この復活信仰こそ、キリスト教が誕生する源(みなもと)になったものです。それはこのことによって、「イエスがメシア(ギリシア語でクリストゥスつまりキリスト)であり、神の子であって、今もなお生きておられる」と信じた人々の中に、新しい宗教としてのキリスト教が広がっていったからです。

第2節
ペトロ、パウロの活躍
（キリスト教会の基礎）

　イエスが逮捕された後おそらくガリラヤに逃げ帰った弟子たちは、十字架につけられたイエスに再び出会うという不思議な体験を通じてイエスの復活を信じ、再びイェルサレムに上りました。イエスの復活から50日目、ちょうどユダヤ教の三巡礼祭の一つ、五旬祭（ギリシア語でペンテコステ）に弟子たちが集まっていた時、突然強い風が吹き、舌のようなものが炎のように分かれて、彼らがいろいろな国の言葉で話し始め、各国から集まっていたユダヤ人がそれを聞いて驚いたという不思議な体験をしたとされます。これは《聖霊降臨、ペンテコステ》と呼ばれ、新約聖書の「使徒言行録」（「ルカによる福音書」の著者ルカが書いた）2章に詳しくその事情が記されています。このことがイェルサレム教会の始まりとなり、後に初代教会の誕生した日として記念されるようになりました。

　その後教会の内部で、ユダヤ教の伝統を重視する立場と、より広い立場の人々に伝道しようとする人たちとの間で意見が分かれ、紀元48年頃にイェルサレムで《使徒会議》が開かれました（使徒言行録15章）。そこにはイェルサレムの教会を代表するペトロ、ヨハネ、イエスの兄弟ヤコブや、アンティオキア（シリアの都市、ここで初めてキリスト者という呼び名がついた）の教会を代表するパウロ、バルナバなどが集まりました。その会議の中心テーマは「ユダヤ人以外の異邦人は、救われるためにユダヤ教の律法を守る必要があるかどうか」ということでした。議論の末、それを無理強いしない方

第2節　ペトロ、パウロの活躍（キリスト教会の基礎）

向になりましたが、おもにユダヤ人を対象として伝道する弟子たちと、それ以外の異邦人に伝道する弟子たちとの役割分担がなされました。

ユダヤ人に伝道する中心になったのはイエスの兄弟ヤコブとヨハネ、ペトロでした。特に本名はシモンというガリラヤの漁師だったペトロは、イエスの十二弟子の中でも一番弟子といえる立場でした。ペトロとは岩という意味で、イエスが「あなたはペトロ。わたしはこの岩の上にわたしの教会を建てる。陰府

ペトロとパウロ

の力もこれに対抗できない。わたしはあなたに天の国の鍵を授ける」（マタイによる福音書16章18－19節）と語ったこととつながって、教会の土台にたとえられました。このことは後のキリスト教会の歴史にとって、極めて重要な意味を持つことになります。

彼は、イエスが十字架にかかる前に裏切って逃げ出したのですが、復活したイエスに出会って熱心な伝道を行ない、後にネロ帝（在位54－68）のキリスト教徒迫害（64年⇒第一章第3節参照）のときにローマで殉教の死を遂げたと伝えられます。

パウロはヘブライ名をサウロといい、ファリサイ派に属する熱心なユダヤ教徒として、当時邪教と思われていたキリスト教徒を迫害していました。最初の殉教者であるステファノの殉教にも賛成していたほどです。ところが、あるときシリアのダマスクスに向かう途中で復活したキリストに出会う強烈な体験をし、「サウロ、サウロ、なぜわたしを迫害するのか」というイエスの声を聴いて回心し、価

13

第一章　古代のキリスト教

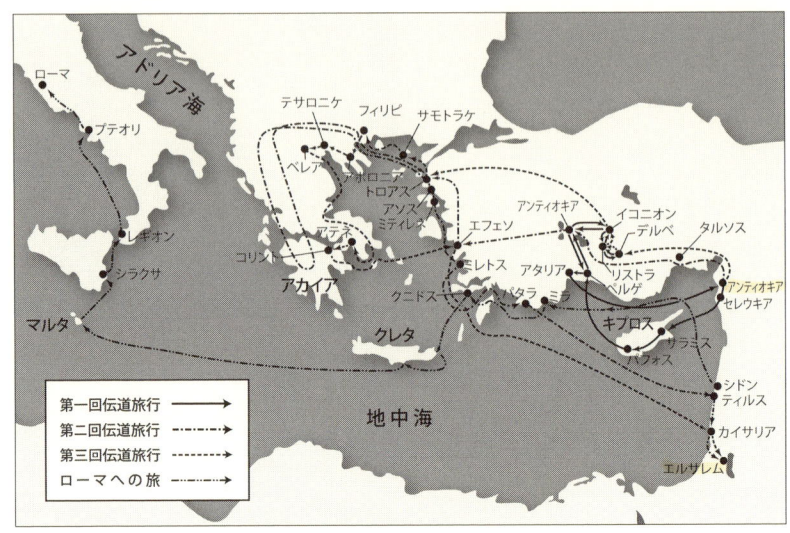

パウロの伝道旅行

値の転換を経験して、アンティオキアの教会に入って「イエスこそ救い主キリストである」と熱心に宣べ伝えました。

彼は「人間が救われるのは律法の行ないによるのではなく、イエス・キリストを信じる信仰による」という確信を持ち、「自分では救いようのない人間の深い罪を救うために、神の子イエス・キリストが十字架にかかって、その罪を代わりにあがなってくださった」というキリスト教の核心になる教えを主張しました。

パウロは「全世界に行って、すべての造られたものに福音を宣べ伝えなさい」（マルコによる福音書16章15節）とのイエスの命令に忠実に従い、おもに異邦人への伝道の中心になりました。交通手段も現代とは比較にならない困難な時代に、想像を絶する苦労をしながら、当時のアジア（現在のトルコで小アジアともいわれる）やギリシアなどに、三回にわたる伝道旅行を行なったのです。その事情は「使徒言行録」に詳しく記されています。

伝道旅行の一回目は前に述べた使徒会議の前で、バルナバととも

第2節　ペトロ、パウロの活躍（キリスト教会の基礎）

に助手をつれてキプロス島に渡り、その地の総督(そうとく)を信仰に導きました。その後助手はイェルサレムに帰りましたが、二人はさらに小アジアでユダヤ会堂を拠点にして多くの信徒を得たと同時にユダヤ人からの迫害にも遭(あ)っています。二回目の旅行はシラスとテモテ、三回目はテモテとテトスを伴い使徒会議以後に行ないましたが、移動距離も広がり、エーゲ海沿岸のギリシアをも訪れています。

　パウロは、できたばかりの各地の教会に多くの手紙を送り、あるときは教会員を励まし、あるときは教会員に正しい教えからそれないように厳しく忠告しました。彼はさまざまな苦難や迫害に遭いながらも、ローマ市民権を持っていたこともあってそれを切り抜け、各地でたゆまぬ伝道を続けましたが、ユダヤ教徒によってつかまりローマに送られて、そこで殉教(じゅんきょう)したといわれます。

　新約聖書の文書は紀元50年代頃からパウロによって書かれた手紙が最古と考えられており、アレクサンドロス大王の征服以来ギリシア文明が広がった地中海そして西アジアにも至る《ヘレニズム世界》の共通語であったギリシア語（さらに古い時代の古典ギリシア語と異なりコイネー・ギリシア語という）でおもに書かれています。

　新約聖書の配列では順番が逆ですが、イエスの生涯と死と復活を記した福音書が書かれたのはパウロの手紙より少し後で、最初に「マルコによる福音書」が書かれました。その後マルコ福音書と、イエスの言葉を集めたと思われる本文の残っていない共通の資料とをおもな材料にして、独自の資料も交えながらそれぞれの立場で編集して書かれたとされるのが「マタイによる福音書」と「ルカによる福音書」です。これら三つの《共観(きょうかん)福音書》とは異なる独自の立場で書かれているのが、「ヨハネによる福音書」です。

　初期のキリスト教会は、後にキリスト教会が形を整えた段階と区別して、《原始キリスト教団》とも呼ばれます。個人の家の小さな集会から発展し、イエスの教えに忠実に従おうとしていました。

第3節
ローマ帝国による迫害と公認

　『クォ・ヴァディス』という小説は、映画化もされており、キリスト教徒迫害を主題にした文学です。ネロによる迫害を逃れてローマから逃げようとしたペトロが、ローマに行こうとするイエスに出会って「クォ・ヴァディス・ドミネ」（ローマの言葉ラテン語で、「主よ、どこへ行かれるのですか」という意味）と尋ねたところ、「お前たちがキリスト教徒を見捨てようとしているから、代わりにわたしがローマに行って、もう一度十字架にかかるのだ」とイエスが答え、ペトロは深く悔いて再度ローマへ向かおうとするというシーンがクライマックスです。

　キリスト教は最初、ローマ帝国で公認されていたユダヤ教の分派と考えられていましたが、ユダヤ人がローマの支配に反抗して第一次ユダヤ戦争を起こして弾圧された紀元70年前後から、キリスト教がしだいにローマ帝国内に広がると、危険視されるようになってきました。

　最初の迫害は、ネロ帝が64年のローマの大火の責任をキリスト教徒に負わそうとしたとされることによるもので、これは激しいとはいえ一時的なものでした。1世紀末のドミティアヌス帝（在位81－96）が皇帝礼拝を強要したとき、キリスト教徒が唯一の神のみを拝むと言ってそれに従わないと、迫害が始まったといわれてきました。ただし、その実態は不明です。名君といわれたトラヤヌス帝（在位98－117）やマルクス・アウレリウス帝（在位161－

第3節　ローマ帝国による迫害と公認

180）などもキリスト教そのものは認めませんでした。しかししばらくは、帝国が迫害を導いたというより、キリスト教徒の生き方に対する民衆の憎しみが爆発したという形だったようです。

　キリスト教徒は、福音書に記された《最後の晩餐(ばんさん)》を記念してパンとぶどう酒をイエス・キリストの肉と血として受け止める《聖餐(せいさん)式》を行っていました。それについて、「キリスト教徒は子どもを殺し、その肉を食べ血を飲んでいる」といううわさをもとに民衆の反感が高まり、迫害が行なわれました。捕らえられたキリスト教徒は、巨大な円形闘技場《コロセウム》に引き出され、野獣をけしかけられて食い殺されたり火あぶりにされたりしました。それでも、キリスト教は全く衰えませんでした。

現在のコロセウム

　帝国としての迫害が行なわれたのは、軍人出身のデキウス帝の時代（在位249－251）からとされます。それは教会の組織が強まって、その抵抗が帝国を治めるのに不都合だったからです。さらに大きな迫害を行なったのは、専制君主制といわれる皇帝絶対の政治を確立し、帝国を四分割して治めることを考えついたディオクレティアヌス帝（在位284－305）でした。その間にも信徒は地下の墓《カタコンベ》の中などで礼拝を守り続けました。

　彼らは暗号として魚の印を絵に描きましたが、それは魚という意味のギリ

カタコンベ

17

第一章　古代のキリスト教

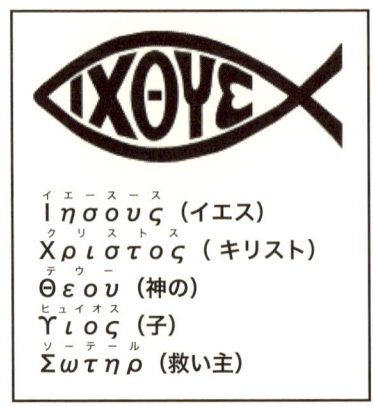

シア語が「イエス・キリスト、神の子、救い主」という言葉の頭文字をつないだのと同じになるからでした。迫害が激しいほど、純粋な信仰は燃え続け、信徒は増えていきました。これは、帝国の支配にあえいでいた民族の反発心の現れとも考えられますが、何より、福音の力強さと信仰のためには死をも恐れぬキリスト教徒の真剣な姿勢が人々の心をとらえたからでしょう。

　このような中で、4世紀初めに西の皇帝となったコンスタンティヌス帝（在位306－337）は、ライバルとの戦いの前に夢で示されたキリストの最初の二文字を示すギリシア文字、XとP（英語のR）を組み合わせた記号を旗印にして勝利したと言い伝えられます。コンスタンティヌスは313年にミラノで東の皇帝リキニウスと会見し、キリスト教の事実上の公認に踏みきりました。他宗教を含めて信仰の自由が守られたこのことを後世《ミラノ勅令（寛容令）》と呼んでいます。その後リキニウスがキリスト教徒を迫害したので、コンスタンティヌスは彼を破って単独の皇帝となりました。

　この一連の動きは、ローマ帝国を治めるために妨げになると考えられていたキリスト教徒を、むしろ体制の中に取り入れてしまったほうが治めやすいとコンスタンティヌスが判断したことによるものでしょう。日曜日がキリスト復活の日として法律によって休日とされたのはこれ以後のことで、異教であるミトラ教の太陽神の祭りに対抗して、クリスマスが12月25日に祝われるようになったのもこの頃からです。

　コンスタンティヌスは、キリスト教の中心的な教えを確定させるため、《ニカイア教会会議（公会議）》を開きました（325年）。こ

第3節　ローマ帝国による迫害と公認

こでのおもなテーマはイエス・キリストについてでした。キリストを信仰することと、旧約聖書の一神教とをどう調和させるかがそれまで大きな問題だったからです。当時神学が盛んだったアレキサンドリアの学者アタナシウス（ギリシア語読みではアタナシオス）などは、「父なる神と子なるキリストは同質である」と主張しました。これに対してアンティオキアで学びアレキサンドリアに来た学者アリウス（アレイオス）は、「キリストは父なる神につくられたもので神とは同質ではない」として、その被造性を強調しました。ここではアリウスの考えは退けられましたが、この論争はその後もさまざまな形で続きました。

コンスタンティヌス帝

　この後、ユリアヌス帝（在位361－363）のようにローマ古来の宗教を取り戻そうとする動きも一時的にありましたが、結局成功しませんでした。そして国家と教会の合体を目指したテオドシウス帝（在位379－395）は、アタナシウス派の考えを正統信仰として認め、キリスト教をローマの国教に指定し（380年）、さらに他の宗教やオリンピア競技（オリンピック）も禁止してしまいました（392年）。こうしてキリスト教は社会的に認められていき、これ以後のヨーロッパは、千数百年もの間《キリスト教世界》（「キリストの体」という意味）と呼ばれるようになります。

第一回ニカイア公会議

第一章　古代のキリスト教

第4節
古カトリック教会の教えの確立

　イエスの直弟子ともいえる使徒たちの活躍の後、聖書以外のキリスト教文書を書いた人々の働きがあって、キリスト教の歴史は《教父時代》とも呼ばれる時期に入りますが、その前半は迫害時代と重なります。教父とは、初期の教会で信徒と区別されてできてきた聖職者と必ずしも同一ではなく、キリスト教を教える立場として後世に正統とみなされた思想家たちのことです。正統とは異なると判断された考えを《異端》と呼びます。しかし正統と異端との関係は、正しいものと誤りとは割り切れない難しい問題を含んでいます。正統と異端の立場が時代によって異なる場合もあるからです。
　初期のキリスト教にとっては、《グノーシス》と呼ばれる有力な思想とどう取り組むかが困難な問題でした。これはさまざまな思想が混合したもので、いろいろな派があります。グノーシスとはギリシア語で知識とか認識というような意味です。これは善（霊）と悪（肉）の二つの原理で物事を考え、天地を創造した神は悪の神であると見て、究極的な存在である善の神が別におり、人間は、究極的な存在からつかわされた救済者の呼びかけをとおして、自分が本質的には究極的存在と同じであると「知ること、覚（さと）ること」によって、この世（肉）から解き放たれ、あるべき自己（霊）を取り戻すと考えたのです。
　また、2世紀に現れたマルキオン（生年不詳－160頃）は、グノーシスの影響を受け、旧約聖書と新約聖書の矛盾を指摘し、旧約の

第4節　古カトリック教会の教えの確立

神は新約の神によって克服されるべきだとしました。彼は肉体を罪悪と見るため、キリストは神からつかわされた霊であって、その肉体は仮に現れたものに過ぎない（仮現論）と述べました。

これらに対して、教父であり今のフランスにあるリヨンの《司教》（使徒の後継者として教会を監督する重要な聖職者で、2世紀頃制度化された）エイレナイオス（130頃－200頃）や当時キリスト教が広がっていた北アフリカの教父テルトゥリアヌス（150頃－220頃）などが次々と反論を加えました。

エイレナイオス

3世紀初めにできたと考えられる《古ローマ信条》は、現在多くの教会で大切にされている《使徒信条》のもとになったものですが、おもにグノーシスの思想に対立する内容となっているといわれるほどです。

第3節で述べた第一回ニカイア公会議のテーマも、キリスト教の最も重要な教えに関わるものだけに、その後も政治的対立とからんで激しい論争が続けられました。ニカイアで勝利したアタナシウスも、異端としてしばしば追放されたのです。

テルトゥリアヌス

テオドシウス帝によって381年に開催された《第一回コンスタンティノポリス公会議》では、最終的にアリウスの考えを異端としましたが、聖霊についての考え方も論争を呼びました。聖霊はペンテコステのとき人々に降ってそれが教会の始まりとなっただけに、極めて重要です。同時に「神の息」にたとえられるようなものであるため、「神の力・神の働き」と考えるにしても、さまざまな解釈があったのです。

この会議では聖霊も神であることを認め、カッパドキア（今のト

第一章　古代のキリスト教

> ## ◎　ニカイア・コンスタンティノポリス信条　◎
>
> わたしたちは、唯一の神、全能の父、天と地と、見えるものと見えないものすべての造り主を信じます。
>
> わたしたちは、唯一の主、神の独り子、イエス・キリストを信じます。主はすべての時に先立って、父より生まれ、光よりの光、まことの神よりのまことの神、造られずに生まれ、父と同質であり、すべてのものはこの方によって造られました。主は、わたしたち人間のため、またわたしたちの救いのために、天より降り、聖霊によって、おとめマリアより肉体を取って、人となり、わたしたちのためにポンティオ・ピラトのもとで十字架につけられ、苦しみを受け、葬られ、聖書に従って、三日目によみがえり、天に昇られました。そして父の右に座し、生きている者と死んだ者とをさばくために、栄光をもって再び来られます。その御国は終わることがありません。
>
> わたしたちは、主であり、命を与える聖霊を信じます。聖霊は、父（と子※）から出て、父と子とともに礼拝され、あがめられ、預言者を通して語ってこられました。わたしたちは、唯一の、聖なる、公同の、使徒的教会を信じます。わたしたちは、罪のゆるしのための唯一の洗礼を、信じ告白します。わたしたちは、死人のよみがえりと来るべき世の命を待ち望みます。
>
> （日本基督教団改革長老教会協議会教会研究所訳）
>
> ※「聖霊は、父と子から出て」の「と子」は、後に西方教会で追加されたもの。

ルコにある）の教父たちの活躍もあって、三位一体の教義が確立しました。この教えはそれ以前に使われていた信仰をまとめた文章をもとにして《ニカイア・コンスタンティノポリス信条》とも呼ばれます。これは、「父なる神」と「子なるキリスト」そして「聖霊」がそれぞれ異なる位格（ペルソナ、もとはギリシア悲劇で使われた仮面のことで、後に英語のperson「人格」のもとになる言葉）を持ちながら、実は唯一の神であるという教えです。したがって唯一の神は

第4節　古カトリック教会の教えの確立

「父なる神」「子なる神」「霊なる神」と呼ばれることもあり、後の《カルケドン公会議》(451年) で確認されました。この公会議では、キリストの神性と人性について特に議論され、キリストは神性・人性とも完全に持つ「まことの神にしてまことの人」という信仰が正統とされました。これらのキリスト教の核心の源とされたのが聖書です。

　今日私たちが使用している聖書は、旧約聖書39巻と新約聖書27巻ですが、それらも最初から決まっていたわけではありません。特に新約についてはグノーシスやマルキオン派に対抗して、正典を選ぶ動きが2世紀頃から始まり、「使徒の権威による信仰の基準」という観点で決められていきました。西方では4世紀末までに正式の聖書《正典》についての論議がほぼまとまり、正典と認められたものには、新約聖書27巻のほか、ユダヤ教から受け継いだ旧約聖書については今日、教会によっては《外典（アポクリファ）》と呼ばれて除外されているものも含まれていました。今まで述べた司教制、信条、正典の三つが古カトリック教会を成立させたと言われます。カトリックとは2世紀初めに使われ始めた言葉で「公同の」、「普遍的な」とも訳され、「万人に共通な」という意味です。

　さらに教父ヒエロニムス（347－420）は、従来のラテン語訳聖書を大改訂しました。後世カトリック教会はこれを重視し、「共通の」という言葉を用いて『ヴルガータ（ウルガタ）』と呼びました。

　教父時代最大の思想家はヒッポのアウグスティヌス（354－430）です。彼は古代ローマ帝国末期にローマの属州アフリカで生まれました。

　アウグスティヌスは若いときにマニ教に出会いました。これは、世界は善悪二つの神で支配されているとするペルシア帝国の宗教

ヒエロニムス

第一章　古代のキリスト教

アウグスティヌス

だったゾロアスター教（拝火教）の分派と考えられ、迫害されながら各地に広まったのです。アウグスティヌスは生活が一時乱れた時期もあり、信仰深いキリスト教徒であった母モニカを悲しませました。しかし彼はイタリアのミラノで、賛美歌作者としても有名なアンブロシウス（334－397）という司教と出会って、大きな影響を受けました。

　アウグスティヌスの信仰の遍歴を記した『告白録』によれば、彼は情欲におぼれた自分の生活を通して人間の罪の深さを知って悩んでいたとき、隣の庭で遊んでいた子どもたちが「取って読め」と歌っているのを聞いて部屋に入り、偶然聖書を取って読んだところ、「ローマの信徒への手紙」13章の「主イエス・キリストを身にまといなさい。欲望を満足させようとして、肉に心を用いてはなりません」という言葉を読んで回心したというのです。

　彼はさまざまな強力な異端と闘い、それを論破する書も著してカトリック教会の立場を明確にしました。

　さらに重要なのは大著『神の国』です。当時ゲルマン人の一派西ゴート族が永遠の都といわれたローマを荒らす出来事が起こり、ローマの宗教を信じる人々から、「ローマの神々への信仰を捨てたためだ」という批判が起こりました。これに対してアウグスティヌスは、歴史を「神の国と地上の国の対立からなり、最後の審判に目標を持つもの」と見る立場から反論を試みました。彼はカトリック教会を重視しながらその不十分さも認識し、真の神の国は神を愛し神に従おうとする人間の姿勢の中に認められると主張しました。

　彼は自分が司教であったアフリカの町、現在のアルジェリアにあるヒッポをゲルマンのヴァンダル族が取り囲む状況の中で、キリスト教の将来に希望をつないで亡くなりました。

第二章
中世のキリスト教

　中世とは、ギリシア・ローマ文化が栄えた古代と、その文化を復興したルネサンス以後の時代にはさまれた時代を意味し、消極的に評価されてきました。しかしこの時代は、現在のヨーロッパにキリスト教が根付き、キリスト教文化が栄えた積極的意味を持つときでもあります。

　西ローマ帝国滅亡後、キリスト教は歴史の表舞台に登場したゲルマン人にしだいに受け容れられ、西ヨーロッパ全体に広がります。ローマの司教が教皇と呼ばれて教会の最高指導者とされ、ローマ・カトリック教会が西ヨーロッパに君臨します。そして教皇は、政治的支配者である皇帝や国王との対立を繰り返しました。

　一方、1000年も続いた東ローマ帝国では、皇帝の権力と結びついたキリスト教が力を持ちました。これを東方正教会（ギリシア正教）と呼びます。

　ヨーロッパの東と西で異なったタイプのキリスト教が発展したのはどうしてなのでしょうか。

第1節 キリスト教のゲルマン人への浸透とローマ教皇権の伸張

　内部から崩壊していた西ローマ帝国は、476年にゲルマンの傭兵隊長（ローマによる雇い兵の長）によって滅ぼされました。民族大移動で西ヨーロッパ各地に入ったゲルマン人は、その後の歴史にとって重要な働きをします。ゲルマン人は、もとは多神教を信じていたのですが、やがてその多くが、カトリック教会から異端とされたアリウス派を信じるようになりました。

　しかし、ガリア（今のフランスあたり）に移動したフランク族メロヴィング朝のクローヴィス（在位481－511）は、他の部族との戦いのとき、キリスト教の神に祈って勝利したことがきっかけとなり、多くの部下を伴ってアタナシウス派に改宗しました。当時の社会に勢力を持ち始めたカトリック教会と結びついたことは、フランク王国に有利に働いたのです。

　ところで、中世初期にはキリスト教が世俗の力と結びつくことを警戒し、俗世間を離れて信仰を求めようとする修道院運動も盛んになりました。修道院の始まりは古く、イエスと同時代のクムラン教団にもその形が見られますが（⇒第一章第1節コラム参照）、キリストの福音の勧めに従ったものでは3世紀末にエジプトのアントニオス（251頃－356）が

アントニオス

第 1 節　キリスト教のゲルマン人への浸透とローマ教皇権の伸長

荒野で生活したのが始まりとされます。
　また同じくエジプトでパコミオス（290 頃－ 346）が、弟子たちとともに生活する修道院を始めました。一人であるか集団であるか形は違っても、人里離れて暮らし、欲望を抑えて完全な徳を目指し、神に仕える努力をする生活が修道院の特色となりました。
　ベネディクトゥス（英語読みベネディクト、480 頃－ 550 頃）は、ローマで学問を志していましたが、あるとき回心してイエスの貧しさにならって禁欲的な生活を始めました。そしてイタリアのモンテ・カッシノという山に修道院を作り、「祈れ、働け」という標語のもと、入るものには《清貧、貞潔、従順》の誓願をさせ、規則に従い、秩序正しい生活をすることを命じました。しかしベネディクトゥスの戒律はその序文に「過酷なことは何事も、また過重なことは何事も課せられないよう望む」となっていることからわかるように、厳しすぎはしなかったといわれます。

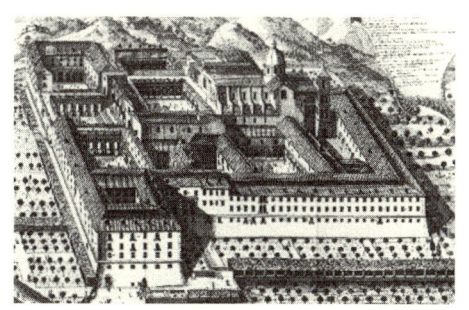
18 世紀頃のモンテ・カッシノ修道院

　一方、アイルランドに宣教しアイルランドの守護聖人とされたパトリキウス（英語読みパトリック、385 頃－ 461 頃）に始まる修道院の伝統を受け継ぐ小コルンバヌス（543 頃－ 615）は、ガリアに来て修道院を立てました。この規則はベネディクト派のものより厳しく、この修道院の方が一時勢力を持ちましたが、しだいにベネディクト会修道院が西ヨーロッパで最も代表的な修道院とされるようになっていきます。
　ローマの名門の出身でベネディクト会修道士からローマ教皇に即位したグレゴリウス 1 世（在位 590 － 604）は、教皇権の確立に努めました。教皇（法王）とは、ペトロがローマの教会の土台であ

り初代監督(司教、主教)であるとする考え(⇒第一章第2節参照)から出たものです。ローマの司教がその権威を受け継ぐとして、イェルサレム、コンスタンティノープル、アンティオキア、アレキサンドリアという重要都市の司教(総大司教)たちより高い地位にあると主張し始め、カトリック教会の最高指導者となったのです。カルケドン公会議(⇒第一章第4節参照)に働きかけたレオ1世(在

◎　**修道院日課**　◎

　後の話ですが、11世紀にはベネディクト派のクリュニー修道院(フランス)がローマ教皇直属の修道院として西方キリスト教世界の主流となります。

　この頃には労働よりも聖歌を伴う荘厳なミサを執り行なうことが修道士の主な仕事となり、また写本や挿絵、装飾などが盛んになりました。

　封建社会における戦いの被害から一般人や教会・修道院を守るため、フランスで起こった《神の平和運動》の考えを継いで、特定時期に《神の休戦》という具体的な提案をしていったのもクリュニー修道会です。

　一方、同じベネディクト派でもクレルヴォー(「明るい谷」という意味のフランスの地名)のベルナルドゥス(フランス語読みベルナール、1090頃－1153)によって発展した《シトー会》は、「働くことは祈ることである」として、農地の開墾などに力を尽くし、労働の大切さを伝えました。

中世のある修道院の一日			
午前3：00	起床、朝の祈り	午後2：00	労働終了、昼食
4：00	簡単な睡眠	2：30	読書
6：00	起床、黙禱	3：00	労働
7：00	朝食	5：00	労働終了、晩の祈り
8：00	労働または読書		
9：30	労働終了	6：00	夕食
10：00	ミサ聖祭	8：00	寝る前の祈り、就寝
11：00	労働		

第1節　キリスト教のゲルマン人への浸透とローマ教皇権の伸長

位440－461)から正式にペトロの代理者として教皇と称し、グレゴリウス1世とともに二人は大教皇と呼ばれています。

第一章第4節で学んだ古カトリック教会とはやや異なる、中世ローマ・カトリック教会のはじまりを示すといえるグレゴリウス1世は、ゲルマン人への布教に力を尽くし、アウグスティヌス（生年不詳－604、古代末期の教父とは別人）に命じて、ゲルマンの一派アングロ・サクソンが征服したイングランド（イギリス）伝道を始めさせました。この人が後にカンタベリの大司教に命ぜられ、カンタベリのアウグスティヌス（英語読みオーガスティン）と呼ばれるようになりました。

グレゴリウス1世

イングランドでは664年の《ホイットビー会議》において、イースターの日付をめぐって、先住民族のケルト教会の立場とローマ・カトリックの立場との選択が迫られました。このとき国王の裁定により「春分後の満月の次の日曜日」というローマの考えを基準とするとしたことで、イングランドはカトリック国になりました。

さて、7世紀にアラビア半島で預言者ムハンマドにより成立したイスラム教は、ユダヤ教、キリスト教からも影響を受けた一神教です。政治と宗教が密接に結びついた組織として異教徒への《聖戦（ジハード）》の考えをもって急速に拡大し、西アジア、中央アジアや地中海世界にも進出して、アフリカ北岸を経て711年にはイベリア半島のゲルマン民族の西ゴート王国を征服しました。

イスラムの軍勢がさらに現在のスペインとフランスの国境にあるピレネー山脈を越えてフランク王国に侵入したとき、メロヴィング朝の宮宰(きゅうさい)（家老のような立場）であったカール・マルテルは、これ

第二章　中世のキリスト教

を732年トゥールとポワティエの間の戦いで撃退して、キリスト教世界を守り、彼の家カロリング家は力を増したのです。

その子小ピピン（国王在位751－768）は、メロヴィング家が弱まった機会に教皇に接近してその権威に頼ってメロヴィング朝を倒し、カロリング朝を立てました。彼と協力したのが《ドイツ人の伝道者》と呼ばれたベネディクト会修道士出身のイングランド人ボニファティウス（本名ウィンフリド、672頃－754）です。ボニファティウスはゲルマン人への伝道に尽くし、殉教しました。

小ピピンはさらにイタリアを支配していたゲルマンのランゴバルド族を征服して、その土地をローマ教皇に献上し、これが後の《教皇領》のもとになったともいわれます。

カール大帝の戴冠

その子カール（在位768－814）は、東ローマ皇帝と対立していた教皇と提携し、800年のクリスマスに、ローマで教皇がカールに皇帝の冠を与える儀式を行ないました。これは西ローマ帝国の復活とみなされ、ここにゲルマン人とカトリック教会が結びつきをさらに深め、彼はカール大帝（フランス語読みシャルルマーニュ）と呼ばれます。

カールは首都アーヘン（ドイツ北西部）に学者を集めてギリシア・ローマ文化の復興に努めました。そこで、キリスト教とゲルマン民族とギリシア・ローマ文化という三つの歴史的要素が融合されたこの時期に中世キリスト教世界としての西ヨーロッパ世界が成立した、とする見方もあります。

第2節
東方教会の発展

　西ローマ帝国が滅亡した後も、それ以前にコンスタンティヌス帝が都を移したコンスタンティノープル（ラテン語読みコンスタンティノポリス）を中心とする東ローマ帝国は約1000年間続きました。この国はコンスタンティノープルの元の名ビザンティウムから取ったビザンツ（ビザンティン）帝国とも呼ばれます。東方では古代からの歴史の連続性が強かったのです。

　ユスティニアヌス帝（在位527－565）は、ゲルマンの北アフリカのヴァンダル王国やイタリアの東ゴート王国を滅ぼしてローマの領土を回復しました。国内ではローマの法律を集めた『ローマ法大全』を編纂させました。これは「わが主イエス・キリストのみ名によって」という祈りで始まり、これによりキリスト教の妨げになる法律はなくなったとさ

ユスティニアヌス帝

れます。また首都には、縦横同じ長さの十字架型の平面図を基本とするビザンツ様式の壮大な聖ソフィア大聖堂を再建しました。

　ユスティニアヌス帝は、教会に対して皇帝が事実上の首長であることを認めさせました。西のローマ教皇中心の教会と異なり、皇帝が教会と世俗の両方を統括するとされましたが、コンスタンティノープル総主教との関係は必ずしも上下関係ではありませんでした。

第二章　中世のキリスト教

ここではやがてギリシア語が公用語となったので、この教会を後にギリシア正教会、さらに広くは東方正教会と呼ぶようになります。

東方では5、6世紀頃から聖書の人物などで教会の壁面を飾る習慣がありました。やがてその《聖画像（イコン）》が拝む対象となり、問題が生じてきたのです。東ローマはゲルマンの侵入を受けることは少なかったのですが、イスラム教勢力に取り囲まれてその影響を受けたこともあって、聖画像を用いる習慣は偶像崇拝ではないかという疑問が出てきました。

726年、ビザンツ皇帝レオン3世（在位717－41）は聖画像禁止令を出すとともに、西のローマ・カトリック教会がゲルマン人の教化のためにキリストやマリアの像を使用し続けたことも批判しました。ここに聖画像をめぐる論争が東方教会内部および東西教会間で起こってきました。これがこの章の第1節で述べた、ローマ教皇がフランクのカロリング家に接近するきっかけとなったのです。

これ以後ビザンツ帝国では《聖画像破壊（イコノクラスム）》と呼ばれる運動が激化しました。ローマ教皇側は聖画像破壊者を破門（教会から追放し、信徒としての宗教的権利および社会的保護を受けられなくする罰）することでこれに対抗しました。ビザンツでは9世紀にこの問題は、「聖画像に表現されている対象を崇敬している」とみなすことで終結し、板に書いたキリストやマリアなどのイコンは、東方教会の美術で重要な役割を果たすことになります。

東西両教会の対立は、そのほかにも「聖霊が子（イエス・キリスト）からも発出する」としたローマ・カトリック教会とそれを否定した東方教会との違いなどで続き（⇒第一章第4節コラム参照）、1054年に双方が破門を宣告して、完全に分離することになりました。東方正教会の「正教」とはローマ・カトリックに対して自分たちが正しいという意味でこの頃つけたものです。

初期のキリスト教会の神学論争がおもに東方を拠点としてなされたこともあって、東方正教会は神学理論の問題を重視しました。

第 2 節　東方教会の発展

　ビザンツの文化圏と深い交わりを持ったのが、ロシア人を中心とするスラブ民族です。ウラル山脈周辺を原住地とするスラブ人は、ロシアの大平原を経て各方面に散りながら移住していきました。スラブ民族はいくつかに分かれますが、その中でも西スラブといわれるポーランド人やチェック人などは、おもにローマ・カトリックに改宗しました。東スラブと呼ばれるロシア人やウクライナ人は、ヴァイキング（ノルマン人ともいわれる北方ゲルマン人）と異民族間の結婚による融合も進め、キエフ公国のウラディーミル1世（在位980－1015）がビザンツ皇帝の妹と結婚し、正教に改宗しました。そしてしだいにロシア人の中に正教が浸透していくのです。

　コンスタンティノープルがオスマン・トルコの攻撃によって陥落してビザンツ帝国が滅亡した1453年以後、ロシアの教会が正教の継承者とみなされることになり、モスクワを《第三のローマ》と称して、ロシア正教会と呼ばれることになります。

柱頭行者シメオン

　東方の修道院もエジプトの影響を受けて始まりましたが、狭い峡谷の山腹の洞窟などに分かれて住む独特の形をとる場合もありました。また、《隠修士》という形で世間から離れて非常に厳しい禁欲生活をすることが多く、特に《柱頭の行者》と呼ばれて高い塔の上で何年も苦行するような人も現れました。しかしこれとは別に、共同生活を営む修道者も多くいました。

　東方教会で最も有名な修道院は、ギリシア北部のエーゲ海に突き出したアトス岬にある修道院で、標高2000メートル近いアトス山は《聖なる山》

第二章　中世のキリスト教

と呼ばれ、ギリシア正教会の修道制の拠点です。いくつもの独立した修道院があって、その代表による会議で全体の運営がなされ、現在でも女人禁制を厳格に守り、男性修道士が家族のような集団を形成して暮らしています。

◎　**日本と正教会**　◎

　ずっと後の 19 世紀のことですが、ロシア正教会は日本にも司祭ニコライ（1836 − 1912）を派遣して伝道しました。ニコライは、馬車を走らせて広大なシベリアを横断し、海を渡って函館に到達、禁教下に日本を研究してロシアに戻り、再度函館を訪れ、後に東京に来ました。御茶ノ水の東京復活大聖堂（ニコライ堂）、函館のハリストス（ロシア語でキリスト）正教会は今でもその拠点となっています。

聖ソフィア大聖堂（イスタンブール、元のコンスタンティノープル）
※イスラム教の寺院を経て現在は博物館、尖塔はイスラムのもの

東京復活大聖堂（ニコライ堂）

函館ハリストス正教会

第3節
教皇と皇帝の対立と十字軍

　西ヨーロッパでは、カロリング朝が衰退した9世紀頃、スカンディナビア半島から出てきたノルマン人（ヴァイキング）が活躍し、国家の力が弱まって地方の有力者に安全を頼ろうとする傾向が強まりました。そうした中で、農業中心の自給自足的な封建社会に移っていきました。ローマ・カトリックの教会や修道院は、世俗の権力者から土地の寄進を受けて大土地所有者となり、しだいに西ヨーロッパ全体に力を及ぼすことになっていきます。

　こうしてローマ教皇を頂点として、大司教、司教、司祭、助祭などというピラミッド型の聖職者の階層制度が発達しました。

　教会が世俗的な力を持つことによって、聖職者の地位を金で買おうとする聖職売買、独身であるべき聖職者が事実上の妻を持つ聖職妻帯などの問題も生じてきました。そこで11世紀には、フランス東部のベネディクト派クリュニー修道院の改革運動が起こりました。その流れから出た教皇グレゴリウス7世（在位1073－85）は、聖職者の任命権が世俗の支配者にあるのが問題の根源と判断し、《グレゴリウス改革》と呼ばれる大改革を始めました。

　西ヨーロッパでは、世俗の領主が教会に土地を寄進したり自分の領地に教会を作る場合が多かったため、聖職者の任命権を彼らが持つことが多かったのです。この権利を《聖職叙任権》といい、これをめぐる教会と国家の争いを《叙任権闘争》と呼んでいます。

　教皇グレゴリウス7世に対して、当時のドイツや北イタリアな

第二章　中世のキリスト教

どを支配していた神聖ローマ帝国皇帝ハインリヒ4世（ドイツ国王在位1056－1106）はこれに反発し、教皇をやめさせようとしましたが、グレゴリウスはハインリヒを破門しました。当時、ドイツ諸侯（王から授けられた領土を支配する封建領主）の多くがドイツ国王であるハインリヒに対立していたこともあって、彼の立場は苦しくなりました。ハインリヒは、イタリアのカノッサ城に滞在していた教皇に赦しを請うため、寒い冬にカノッサに行き、3日間雪の中に立ち尽くして謝罪したと伝えられるこの事件（1077年）を《カノッサの屈辱》と呼びます。

しかし破門を解かれたハインリヒは、軍隊を率いてグレゴリウスを追い詰め、教皇は失意のうちに亡くなりました。その後も教皇と皇帝の対立は続きましたが、1122年《ヴォルムス協約》によって、皇帝はそれまでの形式での叙任権を放棄する一方、聖職者に対する王としての支配権は保つという妥協が成立しました。

カノッサの屈辱

教会と国家（政治権力）との対立は、大陸から入った王朝に支配されていたイギリスでも起こりました。カンタベリ大司教トマス・ベケット（在位1162－70）と国王ヘンリ2世（在位1154－89）の対立は、王の部下の騎士によるベケットの暗殺に至り、王はベケットの墓の前で謝罪させられました。ジョン王（在位1199－1216）は教皇インノケンティウス3世（在位1198－1216）に逆らって一時破門され、こうしたことも原因の一つになって後に諸侯・市民から王権を制限する『マグナ・カルタ』を突きつけられることになります。

十字軍が行なわれたのは、このような時代でした。11世紀半ば、セルジュク・トルコというイスラム国家が小アジアに進出し、ビザ

第3節　教皇と皇帝の対立と十字軍

ンツ帝国の領土を脅かしました。セルジュクはパレスチナに勢力を広げ、聖地イェルサレムに巡礼に向かう人々を圧迫したということで、ビザンツ皇帝はローマ教皇に援助を求めました。

この頃神聖ローマ皇帝と叙任権闘争を続けていた教皇ウルバヌス2世（在位1088－99）は、東方教会との再合同も含めた主導権を握るチャンスと、フランスのクレルモンで1095年に公会議を開き、異教徒からの聖地奪還を呼びかけました。領土の拡張を望んでいた諸侯らはこれに賛同し、東方貿易の拡大を望んでいたイタリアの都市もこれを支持しました。さまざまな宣伝によって農民も含めた大勢が集まり、胸に十字架の紋章を縫いつけ「神、それを欲したもう」と叫びつつ、聖地回復のために出かけて行ったのです。

1096年に開始された第一回十字軍は激しい戦いの末、3年後に聖地を占領しイェルサレム王国を建国しました。イェルサレムに入城した十字軍騎士たちは、イスラム教徒やユダヤ人を手当たり次第に虐殺したと伝えられます。

一方、聖地を守るための《テンプル（聖堂）騎士団》や病人・けが人を看護する《ヨハネ騎士団》なども作られました。

十字軍派遣を呼びかける
ウルバヌス2世

イスラム圏ではエジプトを拠点とするアイユーブ朝を開いたクルド人のサラディンが1187年にイェルサレムを占領したため、第三回十字軍がおもにフランス王、イギリス王の指揮で行なわれましたが、聖地回復はできませんでした。

第四回は前に述べた教皇インノケンティウス3世のとき、東地中海の商業権拡大を図ったヴェネツィア商人の要求で、その商売がたきであったコンスタンティノープルを攻略し、一時《ラテン帝

第二章　中世のキリスト教

国》を建てるという、本来の十字軍の目的から外れたものとなりました。

エジプトへ向けて行なわれた第五回十字軍も失敗に終わり、信仰熱心で聖王(せいおう)と呼ばれ、第六回と第七回の十字軍を指揮したフランス王ルイ9世（在位1226－70）は、第七回十字軍のさなかに病死し、十字軍は事実上終結しました。その他、子どもだけの十字軍もあり、数え方に多少違いがありますが、最終的に1291年、パレスチナ最後のとりでを失って、十字軍は失敗に終わったのです。

これによりローマ教皇の権威は大きく動揺し、多くの諸侯や騎士が戦死したり財産を失って没落しました。一方、東方の情報や物産が西欧にもたらされ、商業は活発化して都市がさらに発展しました。

キリスト教世界を守ろうとした十字軍が、結果的に中世キリスト教世界を動揺させたことは歴史の皮肉(ひにく)でした。十字軍は政治的・経済的欲望が深くからみついていたと同時に、当時重視された巡礼という行為と重なり熱心な信仰によって支えられていたことも事実です。それは、以下に述べる聖フランチェスコも、十字軍に同行してイスラムの指導者に伝道しようとしたことからわかります。

イタリアの都市アッシジのフランチェスコ（英語読みフランシス、1181－1226）は、豊かな商人の子で、贅沢(ぜいたく)な暮らしと騎士としての名声にあこがれていました。あるとき突然回心し、親から与えられた衣服まで脱ぎ捨て、財産を一切持たずに信徒が与えてくれる食べ物で生活しながら福音を説(と)いてまわる《小さき兄弟の群れ》という《托鉢(たくはつ)修道会》を作りました。これはそれまでの修道会と形が異なり、後に《フランチェスコ派修道会》と呼ばれました。フランチェスコはヒッポのアウグスティヌス（⇒

フランチェスコ

第3節　教皇と皇帝の対立と十字軍

> ◎　**フランチェスコの太陽讃歌**　◎　（『讃美歌21』223　※抜粋）
>
> 1　造られたものは　たたえよみ神を、
> 　　ハレルヤ、ハレルヤ、
> 　　輝く太陽、夜を照らす月も、主をほめたたえよ。
> 　　ハレルヤ、ハレルヤ、ハレルヤ。
>
> 3　とどろく大海（おおうみ）　ささやく小川は
> 　　主をほめ、ハレルヤ、
> 　　やわらかな日ざし　あたたかく包む。主をほめたたえよ。
> 　　ハレルヤ、ハレルヤ、ハレルヤ。
>
> 5　重荷を共にし　赦（ゆる）し合う人は
> 　　主をほめ、ハレルヤ、
> 　　悩み苦しみも　主のみ手にゆだね、主をほめたたえよ。
> 　　ハレルヤ、ハレルヤ、ハレルヤ。
>
> これはフランチェスコの晩年、重い病気にかかったときに作ったものです。

第一章第4節参照）の影響を強く受けた深い信仰と清い心の持ち主で、彼の説教には小鳥や動物も耳を傾けたと伝えられるほどです。

　彼の運動は当時のローマ・カトリック教会のあり方と非常に違うように見えますが、フランチェスコはローマ教会そのものには従順で、当時権勢を誇り「教皇は太陽、皇帝は月」と語った教皇インノケンティウス3世に謁見（えっけん）し、修道会としての認可を要請しています。

　同じ頃ドミニクス（1170－1221）によってつくられた《ドミニコ会》も托鉢修道会で、これらは民衆の信仰心を満たすのに役立ちました。一方、ドミニコ会からは、後にドイツのマイスター・エックハルト（1260頃－1328）のように、人と神との直接の交わりを重視し、神と一体となろうとする《神秘主義》の思想家や体系的な神学者が現れました（⇒第二章第4節参照）。

第4節
ヨーロッパ中世の文化

　「中世」という言葉は、文化的に暗黒の時代とかつて考えられたことから出たものでした。しかし中世はヨーロッパ世界が成立した時代であり、教会や修道院などを中心にキリスト教文化が発展しヨーロッパ全体に影響を及ぼしたことは認めなければなりません。
　キリスト教の神学の研究は、司教のいる聖堂や修道院などの付属の学校（スコラ）で行なわれて、スコラ学と呼ばれました。スコラは学者 scholar、学校 school の語源でもあります。中世前期にはプラトン、後にはイベリア半島のイスラムの学者を通じて入ってきたアリストテレスのギリシア哲学を取り入れ、神学を理論づけることが行なわれました。しかし哲学は神学の助け手という位置づけでした。
　初期のスコラ学の代表者の一人はアンセルムス（1033 − 1109）です。彼は北イタリアに生まれ、イングランドのカンタベリ大司教となり、フランス北部からイングランドを征服したノルマン朝のウィリアム2世と叙任権をめぐって対立したこともあります。アンセルムスは信仰と理性の関係を重視し、神の存在の証明を試みたり『なぜ神は人となられた

アンセルムス

か』を著したりしました。

　フランスのアベラール（ラテン語読みアベラルドゥス、1072－1142）は若いときパリに出て学び、多くの聴衆を集めて神学論争を行ない、聖書や教父の矛盾も指摘するなど自由な判断をするので、一躍スターとなりました。これらの論争が行なわれた場所から、中世最古の大学の一つ、神学で有名なパリ大学が成立したとされます。

論争するアベラール

　スコラ学全体のテーマで、《普遍論争》といわれる議論があります。普遍、つまり一般的な概念（たとえば人間）が先に存在してその後で個別のもの（たとえば太郎）が存在するとする《実在論》と、一つひとつのものが先に存在してそれらに全体として名前がつけられているとする《唯名論》の間でなされたものです。カトリックとは「普遍的」という意味ですので、カトリック教会にとっては重要な問題で、アンセルムスは実在論とされ、アベラールは唯名論の始まりとされます。

　13世紀イタリア出身のドミニコ会修道士でパリ大学に学び教えたトマス・アクィナス（1225頃－74）は、ゆるやかな実在論の立場を取りました。そして、理性の光を重視するとともに、それはさらに信仰によってのみわかる超自然的な恩恵の光によって包まれているとし、膨大な『神学大全』を著しました。これはアリストテレスの哲学

トマス・アクィナス

を借りながら、緻密な論理を積み重ねて壮大な神学の体系を作り上げたカトリックの古典です。

　教会建築もこの時代の文化の重要な分野を占めています。東方ではビザンツ様式が発展しましたが、西方では縦長のプラン（平面図）を持つ素朴な《バシリカ様式》から始まり、11世紀には《ロマネスク様式》に発展しました。これは石組みのアーチを取り入れ、それによって丸天井を支える工夫がなされました。斜塔で名高いイタリアのピサ大聖堂がその代表例で、クリュニーをはじめ多くの修道院がこの様式で作られ、重厚な印象を与える建築です。

　しかし、天井を高くするためには壁を厚く窓を小さくせざるを得ない欠点がありました。そこで、ロマネスクから試みられていた石組みを交差させる天井造りの改良がなされ、下に懸る力を柱に集中させて、壁を薄く窓を大きく開けられるようにした《ゴシック様式》が発達しました。この名称は後のルネサンス時代に「ゴート的」とゲルマン部族の名をつけて悪口としていわれたものです。フランスのパリ大聖堂（ノートルダム、「聖母マリア」の意）、シャルトル、イタリアのミラノ、ドイツのケルン、イギリスのカンタベリなど、今日でもヨーロッパの都市で目にする天を突くような尖塔を持った壮大な聖堂は、完成形ではこの様式のものが多いのです。

　窓にはめられたステンドグラスは「聖なる光」という思想から出たといわれ、聖書の物語を絵に描くことによって、文字の読めない民衆にキリスト教を教える役割も果たしました。

　ゴシック様式は13世紀から盛んになり、この時代を《ゴシックの時代》と呼びます。それはまたトマス・アクィナスに代表されるスコラ学の全盛期でしたから、「ゴシック建築は石でできたスコラ学であり、スコラ学は学問のゴシック建築である」ともいわれます。それは石を丹念に積み重ねてできた壮大なゴシック建築と、論理を緻密に積み重ねてできたスコラ学が似ていることを意味します。

　これらの壮麗な礼拝堂においてラテン語で歌われたのが、教皇グ

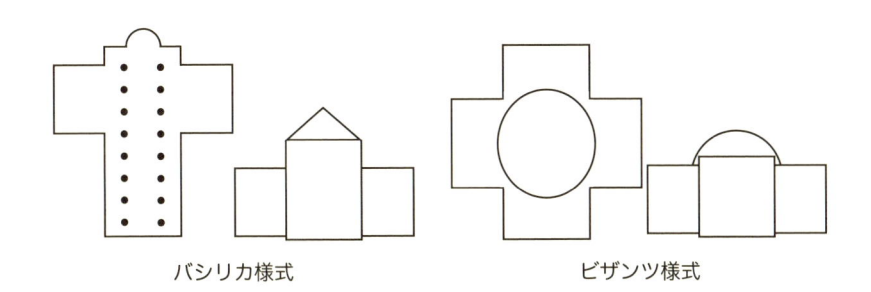

第4節　ヨーロッパ中世の文化

バシリカ様式

ビザンツ様式

ロマネスク様式

ピサ大聖堂（ロマネスク様式）

パリ・ノートルダム大聖堂（ゴシック様式）

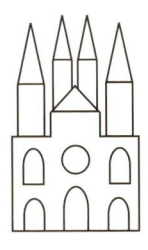

ゴシック様式

シャルトル・ノートルダム大聖堂（ゴシック様式）

第二章　中世のキリスト教

グレゴリオ聖歌の楽譜

レゴリウス1世の名がつけられている《グレゴリオ聖歌》です。キリスト教には、神が言葉で語り人間が耳で聞くという考えがあり、中世では音楽が大学の七自由学科の一つとして重視されました。グレゴリオ聖歌はその名の由来するグレゴリウス1世よりずっと後の時代に成立したと考えられています。旋律が一つしかない単旋律で、斉唱(せいしょう)で歌います。後に発展し、西洋音楽の原型となりました。

文学では、ゲルマン的な騎士の武勲(たた)を称える文学が盛んでした。やがて、キリスト教の影響が強く出て、キリストが最後の晩餐(ばんさん)で使ったとされる杯をめぐる《聖杯伝説》は、貴婦人との恋愛をおもなテーマとした騎士道物語である《アーサー王伝説》に結びつき、一例としてエッシェンバッハのヴォルフラム（1170頃－1220頃）が大叙事詩『パルツィヴァル』を書きました。ここには騎士道精神とキリスト教信仰の罪の意識の問題が混ざり合っています。また、ルネサンス文学の先駆けともいわれるダンテ（1265頃－1321）の『神曲』は、俗語とされたイタリア語を用いながらも、深く宗教的な作品です。

西洋中世の時代は、イスラム圏で都市を中心とした豊かな文化が発達した時代でもあります。東方のさまざまな文化がイスラム圏を通じてヨーロッパに流入し、英語にも元はアラビア語だったアルコール、アルカリ、ソーダなどの言葉がたくさん入っています。イスラム教は成立の段階でキリスト教の影響を受けていますが、ヨーロッパ文明の発達もイスラム文化の影響を大きく受けているのです。

第5節
教皇権の動揺と異端の動き

　十字軍以降の時代は、カトリック教会の教えや聖職者のあり方に対する批判も強まり、異端の活動も目立った時期でした。

　バルカン半島から入った異端の影響を受けてできたカタリ派は、徹底した精神と物質の二元論を取りました。彼らは、肉体が悪であるという考えを持ち、特別な儀式を受け入れた「完全者」には肉食や結婚も禁じ、自分たちを清浄な者とみなしたので、清浄という意味のカタリ派と呼ばれます。その中で南フランスのアルビ地方を中心に盛んになったアルビジョワ派は南フランス諸侯(しょこう)の支持を受け、そのことが教会のみならずフランス王によっても危険視される結果となりました。彼らは十字軍時代にアルビ地方に何度か派遣された《アルビジョワ十字軍》によって攻められ、ついに根絶されてしまいました。

南フランスのカルカソンヌから追放されるアルビジョワ派

　また、12世紀後半、フランスのリヨンの商人だったピエール・ワルドー（ラテン語読みペトルス・ヴァルデス）が始めたワルドー派も異端とされました。彼はあるとき回心して、家族の生活に必要な

物を除き一切の持ち物を捨てて巡回説教の旅に出ましたが、教会に無許可で説教したとして破門されました。ワルドー派は弾圧に耐え、北イタリアの谷間などに少数残っていきました。

中世後期には、西ヨーロッパでは農業生産力が増大し、貨幣経済が成長してきたことにより、荘園を基盤とした自給自足経済の封建社会も変化してきました。荘園領主同士の主従関係としての地方分権的な封建制度は揺らぎ始め、国王による中央集権化の動きが出てきたのです。それまでまとまりの弱かった国家を超えて西ヨーロッパ全体に君臨していたローマ教皇の権威は、逆に低下しました。

14世紀になるとこの傾向が目立ってきました。フランス国王フィリップ4世（在位1285－1314）は、聖職者に課税しようとして、それに反対する教皇ボニファティウス8世（在位1294－1303）と争い、聖職者・貴族・市民の代表からなる三部会を1302年に招集し、その勢いで教皇をローマの近くで捕らえ、教皇はそのショックで亡くなってしまいました。

その後の教皇もフィリップ4世はじめフランス国王の圧力を受

◎ **死の舞踏** ◎

15世紀には、各地で《死の舞踏》と呼ばれる不気味な図が描かれました。これは、ペストの流行で大勢の人が亡くなったことがきっかけと考えられ、教皇や国王のような身分の高い者も豊かな者も貧しい者も、いずれは死に直面するという現実を人々に突きつけ、悔い改めを迫るものでした。これも、ローマ教会の権威に対する批判を含んでいると取ることができます。

第5節　教皇権の動揺と異端の動き

け、教皇庁はローマから南フランスのアヴィニョンに移り、以後しばらく教皇はすべてフランス人で、国王の干渉を受けました。この出来事を、昔ユダヤ人がバビロンに捕囚されたことになぞらえて（⇒第一章第1節参照）《教皇のバビロン捕囚》（1309－77）と呼んでいます。

　教皇庁がローマに戻ると、アヴィニョンにも対立する教皇が立ち、《教会大分裂（大シスマ）》（1378－1417）と呼ばれる状態になってしまい、教会の権威は失墜しました。

　カトリックの聖職者でありながら、教会と教皇を批判してローマ教会から異端とされた人としては、イギリスのジョン・ウィクリフ（1320頃－84）がいます。彼はオックスフォード大学で教えたこともある学者でしたが、当時のカトリック教会が学者・聖職者しか読めないラテン語訳聖書（ヴルガータ）を使っていたのに対し、一般民衆が読めるように（もっとも文字の読める者は少数でしたが）聖書を英語に翻訳しました。その影響もあり、イギリスでは1381年にワット・タイラーの乱と呼ばれる大農民一揆が起こったとき、その指導者の一人だった司祭ジョン・ボールは「アダムが耕し、イブがつむいだとき、誰が領主だったか」と叫んで民衆を励ましたと伝えられます。

　ウィクリフは死後、大シスマを解決するためにドイツ南部で開かれた《コンスタンツ公会議》（1414－18）において異端とされ、墓から遺体を暴き出されて燃やされました。彼の思想を信奉した人々は《ロラード派（ぶつくさ言う者）》と呼ばれ、巡回説教を行なっていましたが、15世紀には厳しい弾圧の対象となり、影を潜めてしまいました。

ウィクリフ

47

第二章　中世のキリスト教

　また、当時神聖ローマ帝国の領土で、ドイツ人の支配に苦しんでいたボヘミア（現在のチェコ）のヤン・フス（1370頃－1415）は、中欧最古のプラハ大学でウィクリフの影響を受けた教えを説き、コンスタンツ公会議に呼び出されました。彼は自分の考えを撤回するよう命じられたのに応じなかったため、ドイツ国王の身体保証状があったにもかかわらず、生きながら火刑に処せられたのです。

フスの火刑

　その後ボヘミアでは、宗教的動機と民族的動機が重なったフス派の抵抗が長く続き、フス戦争（1419－36）と呼ばれました。フス戦争終結後に純潔な生活を志した一派がカトリック教会から完全に分離し、聖書のみを重視する《ボヘミア兄弟団》を作りました。これは後の《モラヴィア兄弟団》につながります（⇒第四章第2節参照）。

　イタリア・ルネサンス発祥の地のフィレンツェでは、ドミニコ会修道士のジローラモ・サヴォナローラ（1452－98）が改革を唱え、市民の支持を得て大富豪メディチ家に代わって一時実権を握りました。教皇庁から破門されても屈せず、ルネサンスの作品である美術品を虚栄とみなして焼いたりしましたが、その過激なあり方が市民の信頼を失い、ついには死刑にされてしまいました。

サヴォナローラ

　異端とされた人々は、教会の権威より自分の信仰に忠実であろうとしたのでした。これらの動きは弾圧しても止めることができず、特にウィクリフやフスは宗教改革の先駆者とされています。

第三章
宗教改革の時代

　カトリックとプロテスタントの区別は、いったいどのようにして生まれてきたのでしょうか。

　西ヨーロッパ世界の精神的指導者として君臨したローマ教皇は、中世世界の動揺とともに権威が低下し、宗教改革の先駆けが起こったことを前章第5節で学びました。

　しかし、世界史を動かすほどの宗教改革は、16世紀にまずドイツで起こり、しだいに西ヨーロッパに広がりました。これらの立場に立つ人は、たくさんの教派に分かれながら一括してプロテスタントと呼ばれます。

　宗教改革はなぜドイツで最初に起こったのか、ルターという個性的な人物が活躍できた歴史的背景も学びます。

　類似の改革がスイスでも起こり、特にカルヴァンの流れを汲む人々は、世界史に大きな影響を与えました。

　そしてカトリック教会も、プロテスタントに対抗して自分たちの教会を刷新し、世界伝道に積極的に乗り出しました。この時代のカトリック宣教師によって、キリスト教が日本に初めて伝えられたということも大変重要です。

第三章　宗教改革の時代

第 1 節
ドイツの宗教改革 (1)

　中世末期、ドイツは《ローマの牝牛》と呼ばれていました。イギリスやフランスなどではしだいに中央集権化が進む中、ドイツでは諸侯(しょこう)による地方分権状態が続き、ローマ教皇の力が強くおよんで、ローマ教会から経済的に搾(しぼ)り取られていたからです。
　教皇レオ 10 世（在位 1513 - 21）はローマ・カトリックの総本山サン・ピエトロ（聖ペトロ）大聖堂の大改修を計画し、その資金集めに《贖宥状(しょくゆうじょう)》（免罪符(めんざいふ)）の販売を積極的に行ない、ドイツは都合のよい資金源とみなされていたのです。
　贖宥状は当時のローマ・カトリック教会では「聖なる商品」と呼ばれる一般的なものでした。それは「本来人間は多くの罪を犯している。司祭を通し神の赦(ゆる)しを受けると共に教会の罰を受けて償(つぐな)いの行ないをする必要がある。それをできない人もいるが、聖人のように充分な善行を積んだ人々もいる。善行は天国に積まれた宝であり、教会は救いの組織としてこれを不足している信者に分け与えるべきだ。これには償いの金を払わせ、その金を教会堂や病院を建てることなどに使えばよい」という考えのもとに発行されていました。
　ドイツの聖職者である諸侯の一人マインツ大司教は、大司教の地位を複数得るための資金を南ドイツの大金持ちフッガー家から借金しており、贖宥状の販売を請け負ってその一部をローマ教皇に納め、一部をフッガー家への借金返済にあてていました。贖宥状売りの男がドイツ北東部のザクセン地方に来たとき、別の贖宥状を売ってい

第1節　ドイツの宗教改革（1）

たザクセン侯(こう)から入国を禁止されました。そこへ、贖宥状そのものを批判する人が現れたのです。

マルティン・ルター（1483－1546）は、小さな町の鉱山主の子として生まれました。父は農民から少しずつ豊かになった市民で、息子の出世を望んで大学の法学部に学ばせました。ルターは故郷に帰るとき、激しい雷雨にあって落馬して投げ出されたのですが、そのとき彼は守護聖人の名を呼び、「助けてくださったら修道院に入ります」と祈って助かり、その後修道院に入って厳しい修行をしました。

ルター

ルターは大変厳しく戒律を守ったものの、努力すればするほど傲(ごう)慢(まん)さが出てきて、自分の罪深さを思い知らされるばかりでした。

やがてヴィッテンベルク大学の神学教授となったルターは、聖書を研究しながら《塔の体験》と呼ばれる不思議な経験をしました。

彼は「ローマの信徒への手紙」の中で「神の義」とは、恵みにより罪人に義を与えるものと気づき、「人が義とされるのは律(りっ)法(ぽう)の行(おこな)いによるのではなく、信仰による」（3章28節）という福音の真理に目覚めたのです。つまり、人間が努力すれば救われると考えることは誤りで、イエス・キリストの十字架と復活に示された神の恵みを信じることだけが救いに至る道（信仰義認）だと悟ったのです。「信仰のみ」つまり「神の恩恵のみ」、そしてその源泉としての「聖書のみ」ということが宗教改革の精神（福音主義）です。

ルターは、贖宥状について、人間の力で罪の赦しが得られるかのような考えそのものが間違いだと怒り、学者として議論を挑むつもりで1517年10月31日頃、ヴィッテンベルク城の教会の扉に《95か条の論題》を貼りつけたと言い伝えられています。これは、ラテン語で書かれていましたが、ドイツ人の反ローマ感情に訴える

ところがあったためドイツ語に訳され、当時グーテンベルクの活版印刷術が普及したところだったので《95か条》はたちまちドイツ中に広がり、木版画を通して文字の読めない民衆にも広がりました。

　ローマ教会はこれを放置できないと考え、1519年ライプツィヒで神学者エックとルターを論争させました。エックは、議論をたくみに導いてルターに教皇の権威を否定させ、フスの教えにも正しいものがあると言わせました。これは異端とされる内容でした。

　カトリック教会から分かれるつもりはなかったルターもあとに引けなくなり、教皇の出した破門の警告書を民衆の前で焼き捨て、ドイツ人たちの喝采を浴びました。彼は改革三大論文といわれる書物を著し、自分の考えを訴えました。特に『キリスト者の自由』は、キリスト教の古典の一つとされます。

　神聖ローマ皇帝カール5世（在位1519－56、ハプスブルク家の出身でスペイン王、ドイツ王を兼ねる）は、1521年ヴォルムス帝国議会にルターを呼び出しました。彼はヴォルムスに出向き、皇帝や高い地位の聖職者の並ぶ前で、聖書によって間違っていると証明されない限り、自分の説を撤回しないと語り、「わたしにはこうするしかない。神よ、助けたまえ、アーメン」と言い放ったと伝えられます。

　皇帝は、すでに教皇によって破門されたルターを《帝国追放刑》に処しました。これは「神聖ローマ帝国から出て行け、そうでなければ法律の保護から一切外す」というものです。しかしルターは、皇帝カール5世に対抗していたザクセン選帝侯の城の一つ、ヴァルトブルク城にかくまわれ、その間に新約聖書をギリシア語原典からドイツ語に翻訳し、後に旧約聖書をヘブライ語から翻訳を成し遂げました。多くのドイツ人が聖書を自国語で読めるようになり、信仰の源としての聖書の地位が確立しました。このとき彼が用いたドイツ語は、当時方言の違いが非常に大きかった中で、ドイツ語の標準語が形成されるのに影響を与えたともいわれます。

第1節　ドイツの宗教改革（1）

◎　**ルネサンス美術**　◎

　この時代は、イタリア・ルネサンスの全盛期と重なります。フィレンツェ、ミラノ、ローマなどはその中心地として栄えました。ルネサンスは中世の神中心の世界観を打ち破り、古代ギリシア・ローマの人間中心の文化を復興しました。

　一方、宗教改革は、真の意味での神中心の世界を取り戻そうとしました。ですから、近代世界の始まりを示すともいわれる両者は、対立する性格を持っています。しかしルネサンスの大芸術家たちは、そのテーマの多くを聖書の中に見出しており、単純には対比できません。

　教会建築は、神と人との関係である垂直の線を強調するゴシック様式から、人間同士の関係である水平の線を重視するルネサンス様式に移ったともいわれます。

サン・ピエトロ大聖堂

ミケランジェロ　最後の審判

ラファエロ　聖母子と聖ヨハネ

レオナルド・ダ・ヴィンチ　最後の晩餐

第2節
ドイツの宗教改革（2）

　ルターは、すべてのキリスト者が祭司の役割を持つとする《万人祭司（全信徒祭司制）》の思想を唱え、修道院で禁欲的な努力をすることによって神に近づこうとすることは間違いで、実社会で真剣に生き職業に励むことこそ神に召されていることだと考えました。しかし、彼と実社会との関係は複雑でした。

　ルターの教えがドイツに広がった頃、彼にとって転換点となる出来事、《ドイツ農民戦争》（1524 － 25）が起こったのです。中世末期には荘園の解体に伴って、自由を求めて大規模な農民一揆が各地で起こり、ドイツでは 15 世紀から前兆が現れていました。

　西南ドイツでは、農民たちが権利に目覚めて立ち上がり、領主に対して《12 か条の要求》を突きつけました。これらは当然の権利の要求と思われることが多く、ルターは領主と農民との調停役の立場を取り、一揆は収まりかけました。

　ところが中部ドイツに一揆が広がり、ここではより貧しい農民中心の激しい一揆になったのです。しかもこれには思想的な指導者トマス・ミュンツァー（1490 頃－ 1525）がいました。ミュンツァーは初めルターに共感していましたが、農民の困窮を目のあたりにして、その解放に積極的に取り組まないルターに反発しました。彼は《ツヴィッカウの預言者》と呼ばれるグループに属し、聖書よりも神の霊感を受けて行動する立場を取り、「この世に神の国をもたらすには、農民を苦しめている領主たちを力で倒すしかない」と信

じたのです。

　農民たちが領主を襲い、復讐を行なったことに対してルターは怒り、「農民には悪魔が入り込んでいるから、彼らを倒すべきだ」と激しい言葉で非難しました。ルターの言葉を待つまでもなく領主たちは徹底した弾圧に乗り出し、一揆は失敗しました。

　農民たちは以後ルターを信頼しなくなってしまいました。このことによってルターは厳しく批判されるとともに、なぜこのような態度を彼が取ったかについて、さまざまな研究がなされています。

　教皇の権威にも屈しなかったルターが諸侯などこの世の支配者を支持したことは、農民戦争以前の彼の著作にも表われており、そこには彼の思想の特質が関係しています。《信仰のみによる救い》を大切に考えたルターは人間の内面の自由を重んじ、外面の事柄、社会的差別には比較的無関心で、ミュンツァーたちがこの二つを混同し福音を間違えて伝えたと考え、彼らを許せなかったのだとされます。これはルターの《二王国論》と呼ばれ、これ以後ドイツの宗教改革はさらに領主層と結びついていきました。

　ドイツではカトリックとルター派の対立が続き、1529年の第二回シュパイヤー帝国議会では、ルター派諸侯たちが自分たちの権利が守られていないとカトリック諸侯に抗議（プロテスト）したため、ここからプロテスタントという言葉はルター派の立場をさす言葉となり、後にさらに広く他の宗教改革者たちとその考えに従う人々全体に使われるようになりました。

　その後、プロテスタント諸侯はシュマルカルデン同盟を結んでカトリック諸侯の同盟に対抗し、ルターの亡くなった年、両者はシュマルカルデン戦争（1546－47）で激突するに至りました。この対立は1555年の《アウクスブルクの宗教和議》で妥協が成立しました。これは「領主はカトリックかルター派か自由に選択してよいが、人民は領主の宗教に従わねばならず、いやなら出て行け」というものです。この和議はとうてい信仰の自由を認めたものではな

第三章　宗教改革の時代

く、後にドイツを大きな三十年戦争に巻き込む一因となりました。

さて、ルターには大勢の同調者がいましたが、ギリシア・ラテンの古典に通じた《人文主義者》であるネーデルラント（今のオランダ）のデシデリウス・エラスムス（1466頃－1536）は、カトリック教会を批判して最初はルターに好意的でした。しかし人間の自由意思を尊重する立場から、それを否定するルターとやがて対立してしまいました。

同じ人文主義者フィリップ・メランヒトン（1497－1560）は、若い頃ルターとともに大学改革を行ない「ドイツの教育者」という称号を持っています。またルター派の信仰を神学的にまとめて、宗教改革の教会を形成することに貢献しました。しかし、人文主義者としての立場はルターの考えと異なる面もあります。

メランヒトン

ルター派教会はドイツでは《福音主義教会》とも呼ばれ、ドイツの領邦（領主が支配する小さな国）体制と結びついて監督制度を重視する教会として発展し、神学的には《正統主義》と呼ばれるものになりました。なお、北欧のスウェーデン、ノルウェー、デンマークはやがてルター派が国教になっていきます。

一方、ミュンツァーのような立場を《急進的宗教改革者》と呼び、中世の異端と共通して彼らは《セクト（分派）》のひとつとされます。セクトには、ミュンツァーのように社会的に過激な行動に出る場合と、むしろ社会から逃避的な態度をとる場合とがありました。

セクトの立場からすると、カトリックにせよルター派にせよ大きな教会はこの世と妥協しているとみなされました。そして、生まれたらそのまま教会に属するようなあり方を批判し、自覚的な信徒の集団として自分たちを位置づけました。

第3節
スイスの宗教改革とその影響

　スイスは小国ながら、ドイツ語圏、フランス語圏、イタリア語圏などに分かれています。神聖ローマ帝国から15世紀末に事実上独立した後も、都市や州の自治が強い傾向があったスイスで、福音主義に基づく改革運動が起こり、ここの宗教改革は都市の改革と連動しました。

　ドイツ語圏のチューリヒ市では、フルドリヒ・ツヴィングリ（1484－1531）が都市参事会を拠点にして改革を行ないました。彼は若い頃エラスムスの影響を受けています。ツヴィングリは聖書が明確に命じていること以外は撤廃すべきだとして、市内の教会からマリアの像、ステンドグラス、オルガンが取り除かれ、礼拝そのものも簡素化されました。

ツヴィングリ

　カトリック教会では、聖餐式（ミサ）のとき「司祭が祈ると、パンが外見は変わらなくてもその実体はキリストの体に、ぶどう酒はキリストの血に変わる」という《実体変化の教え（化体説）》を採っていました。しかしツヴィングリは「それは単にキリストの体と血を象徴しているに過ぎない」と主張しました。

　彼は、聖餐に関する考えでルターとも意見が分かれました。ルタ

第三章　宗教改革の時代

ーは「実体の変化はないが、そのときパンとぶどう酒にキリストがおられる」という考えでした。このことで二人は会談を行ないましたが、ルターは「これはわたしの体である」という聖書の中のキリストの言葉を重視し、両者は決裂してしまいました。ツヴィングリの率いる福音主義を採る州はカトリックの州と戦い、1531年の第二次カッペル戦争で彼は戦死しました。

一方、ツヴィングリの改革が不徹底と見た人たちの中から、スイスの《再洗礼派》が現れました。彼らは自覚的にキリスト者になることを大切と考え幼児洗礼を否定して成人に洗礼を授けたのですが、2度洗礼を授けることはキリスト教世界では禁じられており、ツヴィングリによっても異端として断罪されました。この《セクト、分派》は、プロテスタントの主流からも迫害を受けながら、自分たちの信仰を守る集団を形成していきました。

カルヴァン

フランス語圏ジュネーヴでは、さらに後世大きな影響を与えるジャン・カルヴァン（1509－64）の改革が起こりました。フランスで生まれ、宗教改革の第二世代といわれるカルヴァンは、若くしてパリ大学に学びましたが、スコラ学の授業に失望していました。大学では教皇を批判する動きがあり、カルヴァンもその仲間とみなされて身が危うくなり、スイスに逃れました。彼はジュネーヴに立ち寄ったときに、司教から独立を果たした市の改革に取り組んでいた人に強く引き止められ、それを神の命令と考えて協力することになったのです。

カルヴァンは、ジュネーヴの改革に厳しい態度で臨み、安息日を厳守させ、ダンスなどの娯楽を禁じました。それは市民の反発を招き、一時彼はジュネーヴを追放されてストラスブールに亡命しまし

第3節　スイスの宗教改革とその影響

たが、1541年には再び戻って改革を進めました。彼のジュネーヴでのあり方は宗教によって政治を行なう《神政政治》と呼ばれますが、政治権力から教会の自主性を守ったともいえます。法学を学んだカルヴァンは、教会の規則を厳格に定め、牧師と信徒から選ばれる長老とによって運営される《長老主義》の教会を組織しました。

　また彼は『キリスト教綱要』という体系的な神学書を著しました。カルヴァンの思想は「すべて神に栄光を帰する」というもので、主権者としての神を絶対視します。信仰のみによって救われるという点ではルターと共通していますが、救われた結果としての生き方で神に栄光を帰するという思想です。カルヴァン派は一般に《改革派》と呼ばれますが、この呼び名はツヴィングリにも当てることもあります。

『キリスト教綱要』初版

　カルヴァン派の思想には《二重予定説》が強く現れています。これは、「神が人を救うか否かは生まれる前から決めている」という考えです。このような思想は先行する神学者の中にもあり、いろいろ議論がありますが、これは後に経済的社会的に大きな影響を及ぼすことになりました。カルヴァン派はイギリスやオランダなど、西欧の商工業が発達した国々で受け容れられる傾向が強かったのです。

　このことから、次のように説明する学者もいます。つまり「予定説は人々に不安な心理をもたらし、神に救われるか否かを知りたくなり、この世の職業がうまくいけば神に愛されている証拠とみなした。また利益を得るのも神の栄光のためと考えた。そこで初期の資本主義の担い手たちが勤勉に生きる姿勢に影響を与え、結果として資本主義の成長を促した」というのです。この解釈については多くの学者が賛否両論を唱えていますが、カルヴァンの思想が経済や政治の面で歴史に大きな影響を与えたことは確かです。

第三章　宗教改革の時代

　カルヴァン派はフランスではユグノーと呼ばれましたが、その名称の由来にはさまざまな説があります。ユグノーはカトリックと対立し、《ユグノー戦争》（1562 － 98）で弾圧を受けました。

　ユグノーだったナヴァル王アンリがフランス王アンリ 4 世（在位 1589 － 1610）としてブルボン朝を始めると、彼はスペインや教皇の介入を受けていたフランスを統一する必要性から、カトリックに改宗しました。戦争が 1598 年に終結したとき、アンリ 4 世は《ナントの勅令》を発して妥協的にユグノーも認めました。

　しかし、後に絶対君主として権力を振るったルイ 14 世（在位 1643 － 1715）によって 1685 年にユグノーは再び禁止され、ユグノーである多くの商工業者が国外に逃亡し、産業は打撃を受けました。こうしてフランスでは、カルヴァン派は広がりませんでした。

　ネーデルラントに入ったカルヴァン派は、おもに毛織物業者などの商工業者に受け容れられました。彼らはカトリックのスペインによる圧制に対してホラント州（オランダの語源）など北部の 7 州を中心にユトレヒト同盟を結んで抵抗し、スペインに対抗するイギリスの後押しもあり、独立を勝ち得ました。

　オランダ改革派教会においては、神学者ヤコブス・アルミニウス（1560 － 1609）が予定説を批判し、人間の自由意志を尊重する立場を主張しました。彼の支持者が国会に意見を出したことから国を分ける争いとなり、ドルト（ドルトレヒト）会議（1618 － 19）において無条件の予定などを主張するカルヴァン派の 5 箇条の《ドルト信条》が採択されました。

　なお、ドイツのカルヴァン派は 16 世紀中頃に『ハイデルベルク教理（信仰）問答』を作成し、後にオランダなどの改革派でも採用されました。

アルミニウス

第4節
イギリス（イングランド）国教会の成立

　イギリスは、この頃まだ現在のまとまりではなく、ブリテン島の中でも南部のイングランドと北部のスコットランドは別の国でした。

　イングランドの宗教改革は、大陸のそれとは性格が異なっています。この国はいち早く中央集権化が進み、15世紀後半の内乱を経て1485年、チューダー朝が成立しました。第2代ヘンリ8世（在位1509－47）はその妻をスペインから迎えましたが、彼らの間には男子がなく、ヘンリは王妃キャサリンと離婚してその侍女（じじょ）アン・ブーリンと再婚したいと考えました。カトリック教会は離婚を許さないので、もともとキャサリンが兄の妻であったことから、その結婚が不当だったと教皇に認めさせようとしたのです。しかし当時のローマ教皇はキャサリンの甥（おい）である神聖ローマ皇帝カール5世に事実上支配されていた状態で、それは不可能でした。

ヘンリ8世

　ルターの改革が起こったとき、ヘンリはそれに反論して教皇から「信仰の擁護者」という名を与えられたほどの熱心なカトリックでした。しかし、教皇が自分に協力しないことに怒り、ローマ教会からイングランドを切り離すことを考えたのです。

　ヘンリ8世は1534年、《首長令（国王至上法）》を出し、イング

61

第三章　宗教改革の時代

ランド教会の最高の首長はローマ教皇ではなく国王であると宣言しました。そして修道院を解散させてその財産を国王のものとするとともに、彼の改革を支持した貴族や市民に分け与えるという政策を採(と)りました。ここに今日の《イギリス国教会》の基礎が成立したといえます。熱心なカトリック教徒は反発しましたが、強大になりつつあった王の権力には歯向かえませんでした。エラスムスの友人で、理想郷を描くことによって当時のイングランド社会を風刺した『ユートピア』の著者トマス・モア（1477－1535）も、政府の高い地位にいながらカトリックの立場で国王をいさめたため、王の怒りに触れて処刑されてしまいました。

　ヘンリ8世にとって宗教改革は個人的・政治的打算から出たものでした。したがってこの段階で教義の内容は変更がなく、教会の長を教皇から国王に替えただけのカトリック教会のようなものでした。ただ、聖書の英訳が『大聖書』として公認され全教会に置かれたことには新しい意味があります。

　アンとの結婚を果たしたヘンリ8世でしたが、アンが男子を死産したことに期待が外れて恨(うら)みが募(つの)り、不義の汚名を着せてアンを処刑し、その後も次々と妻を替えました。

　彼が亡くなると、その3番目の妻の息子がエドワード6世（在位1547－53）として即位しました。彼はプロテスタントの家臣に育てられたこともあり、積極的に改革に乗り出し、カンタベリ大主教（カトリックの大司教にあたる）トマス・クランマー（1489－1556）を中心に教義の改革を進め、礼拝の統一や祈禱書(きとうしょ)がまとめられました。この祈禱書は改訂を重ねて、今日でも使われています。

　しかしエドワードは若くして亡くなり、その後を継いだのはヘンリから離婚された

クランマー

第4節　イギリス（イングランド）国教会の成立

王妃キャサリンの娘メアリ1世（在位1553－58）でした。彼女は母親譲りの熱心なカトリックで、スペインのフェリペ2世と政略結婚しました。メアリは宗教改革後に宮中で冷遇されていたこともあって、プロテスタントを徹底的に弾圧し、改革の中心人物クランマーも処刑し、「血だらけのメアリ」と呼ばれました。

メアリ1世が亡くなって次に即位したのは、アン・ブーリンの娘エリザベス1世（在位1558－1603）でした。彼女は、宗教的にどちらかを熱心に信奉するより、どのような宗教政策を取るのがイングランドにとって有利かを政治的感覚によって見抜いたのです。カトリックであり続けることは自国をスペインの支配下に置くことになると判断したエリザベスは、慎重にイングランドをまた国教会に戻しました。国王は教会と国家の《最高統治者》となり（1559年）、この名称は今日まで続いています。

エリザベス1世

当時ブリテン島北部のスコットランドの女王は、フランスで生まれた直後に即位したメアリ・スチュアート（在位1542－67）で、エリザベスの親戚にあたります。彼女はカトリック教徒で、スコットランドはカルヴァン派（その中の長老派）の改革者ジョン・ノックス（1514頃－72）の活躍で長老派が国教になったため、ノックスらと対立しました。メアリは両教派の争いもあって王位を失い、イングランドに逃れエリザベスのもとに身を寄せました。イングランドのプロテスタントはメアリを危険視したので、エリザベスは彼女を処刑しなければなりませんでした。

1563年にまとめられたイングランド教会（イギリス国教会）の《39か条》はこの教会のあり方の基本的な姿勢を示しており、カトリックとプロテスタントの中道的なものとされます。日本ではイギリス国教会系の教会は《聖公会》と呼ばれています。

第三章　宗教改革の時代

第5節
カトリック改革（対抗宗教改革）

　宗教改革の動きに対して、以前から改革の必要性を感じていたカトリック教会は積極的に改革に取り組み、これをカトリック改革とも対抗宗教改革（反宗教改革）ともいいます。

　スペインの貴族イグナティウス・デ・ロヨラ（1491頃－1556）は、若い頃騎士として名声を上げることに熱中していました。戦争で怪我(けが)をして入院し、イエスの伝記などを読み、自分のこれまでの生き方がこの世の名誉を追い求める間違ったものであったことに気がつきました。ルターやカルヴァンと形は違っても同様の回心をしたのです。彼は志(こころざし)を立てて断食や鞭(むち)打ちの苦行(くぎょう)と祈りに専心し、40歳近くでパリ大学に入学して神学を学びました。

イグナティウス・デ・ロヨラ

　イグナティウスの熱心な信仰と真面目な態度は、しだいに若い同僚から尊敬を集めるようになりました。彼は神と教皇のために闘う集団を作ろうと呼びかけ、7人の仲間とともに1534年《イエズス会》（「イエスの伴侶」の意味）を組織しました。この中の一人で、イグナティウスが「自分がこねた粘土のうち最もこねにくいもの」と評した人が、後に日本にキリスト教をもたらしたフランシスコ・ザビエル（シャヴィエル、ハビエル）だったのです。

　イグナティウスが軍人であったことから、イエズス会は厳しい軍

第5節　カトリック改革（対抗宗教改革）

隊的組織を持ち、やがてローマ教会から公認されました。彼は著書『霊操（心霊修業）』によって、自由な意志による教会への服従とそのための訓練について教え、ローマ教皇の兵隊としてカトリックの失地回復に努め、ドイツなどではかなりの地方がカトリックに戻りました。

　カトリック教会は、プロテスタントの教義に対抗して教義の内容について考え直すために、北イタリアの都市で3回に分けて《トリエント公会議》（1545－63）を開きました。

　プロテスタントが「人が救われるのは信仰のみによる」と考えたのに対して、カトリックは「信仰は大切だが行ないも重要である」とし、聖書のみが信仰の源泉であるとのプロテスタントの考えに対しては、聖書の重要性は認めつつ、従来のラテン語訳『ヴルガータ』の採用を決定し、「教会の伝統も大切である」としました。

　ローマ教会の内部で長く争われてきた「教皇が最終的権威を持つのか公会議が持つのか」という点については、教皇の権威を事実上確認しました。

　プロテスタントはカトリックの《サクラメント、秘跡》と呼ばれる重要な宗教儀式のうち、洗礼と聖餐のみを残して《サクラメント、聖礼典》としたのでした。しかしこの会議ではそのほかの堅信（成人としての信仰の確認）・告解（司祭への罪の告白、現在は「ゆるし」という）・終油（臨終の儀式）・叙階（聖職への任命）・婚姻の5つも合わせて、《七秘跡》として確認されました。

　プロテスタントがヨーロッパ以外の世界への伝道に最初は無関心だったのとは対照的に、カトリック教会はアジア・南アメリカなどへ積極的に伝道しました。それ以前は、少数の例外を除けば、キリスト教はほとんどヨーロッパと中近東に限定された宗教でした。しかし宗教改革の時代後に、むしろスペインやポルトガルの対抗宗教改革のカトリック勢力によって世界に広まったのです。

　その背景としては、8世紀以来イベリア半島がイスラム圏とな

第三章　宗教改革の時代

り、イスラム文化が栄えたのに対して、半島北部に残ったキリスト教徒によって《国土回復運動（レコンキスタ）》がなされたことがあります。イェルサレム、ローマに次ぐ巡礼の聖地とされるサンティアゴ・デ・コンポステーラもその中で発展した場所です。レコンキスタの勢いに乗って1479年スペイン王国ができ、1492年にはイスラム最後の拠点で南部のグラナダが陥落して、国土回復運動が完成しましたが、これはイサベル女王を喜ばせ、コロンブスのいわゆる「アメリカ大陸発見」にもつながりました。スペインはカトリックの中心となり、アビラのテレサ（イエズスのテレジア、1515－82）のように神秘的体験をして、《カルメル修道会》の大改革を行なった女性も出ました。

　中南米では、古代文明に対するスペインの征服とキリスト教伝道とが関連し合って、スペイン人地主が大土地を所有する許可を国王から得るために先住民インディオのキリスト教への改宗を条件にするようなこともあったのです。インディオの苦しい生活の現状を知ったドミニコ会修道士ラス・カサス（1474頃－1566）が、この《エンコミエンダ（大土地所有）》の制度に対して厳しい批判をしましたが、根本的には改まらず、中南米のキリスト教は以後も地主支配と結びつきがちでした。

ラス・カサス

　また、カトリックの教えを守るために中世からあった異端審問の形で宗教裁判が強化され、特にスペインのそれはイスラム教徒・ユダヤ教徒迫害とも結びつき、厳しかったことで知られます。

　異端審問では、《禁書目録》が作成されて、プロテスタントの神学のほかさまざまな思想書や自然科学の本も禁じられました。ガリレオ・ガリレイがローマで宗教裁判にかけられ、自説を撤回させられたことも有名です。

第四章
近代欧米のキリスト教

　前章の宗教改革時代は、中世から広い意味での近代への過渡期で、この頃から古い貴族と新しい市民階級とのバランスの上に立った国王が権力を振るう《絶対主義》体制が出始めました。絶対君主の一人エリザベス女王の権力はイギリス国教会と結びついたことを学びました。

　17世紀のフランスは絶対主義全盛期で、ドイツはまだその段階に達していませんが、イギリスでは早くも絶対主義体制を倒す革命が起こって議会政治が確立し、キリスト教にも変化が生じました。

　18世紀末のアメリカ独立は一種の市民革命で、その後アメリカでは信教の自由の原則に従い、多くの教派が発展します。代表的市民革命とされてきたフランス革命は、ローマ・カトリック教会の体制を大きく揺るがしました。そうしてできてきた近代市民社会は、宗教改革時代を含むそれまでのヨーロッパの《キリスト教世界》とは異なった社会に変わっていき、さまざまな形でキリスト教は問われることにもなります。

　20世紀前半はもはやそれまでの時代とは異なるとも考えられますが、二つの世界大戦は近代社会の行き着いた結果でもあり、その流れから欧米に関してはこの章に含めました。

第四章　近代欧米のキリスト教

第1節
イギリス革命

　独身だったエリザベス1世が1603年に亡くなると、チューダー朝は断絶し、スコットランドのメアリ・スチュアートの息子ジェームズ6世（スコットランド王在位1567－1625）がイングランド王を兼ねて、ジェームズ1世となりました。彼は、「王の権力は神によって与えられたものである」という《王権神授説》を信奉し、「主教なければ国王なし」と語る国教会支持者でした。また、聖書の翻訳を命じて『欽定訳聖書』を完成させました。これは見事な文体で知られ、『ジェームズ王版』と呼ばれます。一方、彼の治世には国教会から分かれようとする《分離派》の動きが強まりました。

　その息子チャールズ1世（在位1625－49）は、議会の反対を押し切って課税しようとしたので、議会は1628年《権利の請願》を王に提出しました。これに対して王は翌年議会を解散し、その後11年にわたり専制政治を行ないました。宗教面では、カンタベリ大主教ロードに命じて、主教を中心に教会への支配を強めたのです。

　スコットランドにもイングランドの教会制度を押し付けようとして1639年に第一回主教戦争が起こると、チャールズ1世はイングランド議会を開いたものの、議会が非協力的と見るとすぐ解散してしまいました。戦いが続く中で再び議会を招集しましたが（長期議会、1640－53）、対立は深まる一方で、王が武力で議会を抑えようとして1642年に内乱が始まりました。

　王党派は貴族や宮廷とつながる上層の地主（ジェントリ）が中心

第1節　イギリス革命

で、おもに国教会の支持者が多かったのに対して、議会側は地方のジェントリのほか商工業者などカルヴァン派を主とするピューリタン（清教徒）が多かったことから、この内乱を《ピューリタン（清教徒）革命》と呼びます。ただ当時の社会は、宗教的対立と政治的・経済的・地域的な対立が複雑に結びついていました。

内乱の間にイングランド教会改革のために開かれた《ウェストミンスター会議》（1643 − 53）では、教皇制や主教制と戦うことを決議し、スコットランド教会にならう長老制に改め、後の長老派教会で重視される《ウェストミンスター信仰告白》が成立しました。

内乱初期は王が有利でしたが、議会側にジェントリ出身のオリヴァー・クロムウェル（1599 − 1658）が出て、ピューリタンの規律正しい軍で王党側を破りました。

議会側は、大商人などに支持が多く王や国教会との徹底的対立を避けようとする《長老派》、軍内部でジェントリ出身の士官や自営農民（ヨーマン）を中心とした国教会からの独立を主張する《独立派》、一般兵士たちに多く、財産や参政権の平等を主張する《水平派》などに分かれていました。

クロムウェル

クロムウェルは長老派を議会から追い出し、戦いに勝って王を捕らえ、1649年に処刑して共和政が成立しました。このことはヨーロッパ大陸諸国にとって大きな衝撃でしたが、当時はドイツを舞台とした三十年戦争直後で、諸国はイギリスに介入できませんでした。

クロムウェルは議会の複雑な力関係の中で急進的な水平派も押さえ、チャールズ1世を王としていたアイルランドにカトリックと王党派の動きがあるとの理由で遠征し、アイルランドを完全に植民

第四章　近代欧米のキリスト教

地化しました。これは 20 世紀にアイルランドがイギリスから独立した後も北部がイギリスの一部として残ったことにより、《北アイルランド問題》を今日まで残しています。クロムウェルは共産主義的な《真正水平派》や、キリストの王国を直接この世にもたらそうとする熱狂主義的な《第五王国派》も力で押さえました。

　独立派は、個々の教会や会衆の自治を重視して《会衆派》とも呼ばれます。その指導者クロムウェルは、終身の護国卿となって、共和政とはいいつつ独裁政治を行ないました。強い選民意識を持った彼は、ピューリタンの聖者と自覚したものによる政治を目指し、安息日の厳守や娯楽の制限などを徹底して行なったため、国民の不満が高まりました。

　彼の死後、それまで力の弱かった長老派は王党派と妥協し、フランスに亡命していたチャールズ 1 世の息子、チャールズ 2 世（在位 1660 − 85）を王位につけ、王政復古となり国教会も復興しました。

　共和政が倒れた後、その熱烈な支持者で政治思想家でもあるジョン・ミルトン（1608 − 74）は、晩年失明しつつ大作『失楽園』を口述筆記で著しました。これは人類の堕落と神の摂理をテーマにしたキリスト教的一大叙事詩です。非国教会派の説教家ジョン・バニャン（1628 − 88）も、王政復古により長く投獄されながら、出獄後『天路歴程』を著しました。これは、救いを求めたクリスチャンが家族も捨

ミルトン

バニャン

第1節　イギリス革命

て誘惑や困難と闘いながら天国を目指す旅をする、というピューリタン文学の代表作とされています。

　チャールズ2世はカトリックに近づいたので、国教徒が主流の議会と対立が深まりました。議会では王に対抗する目的で、議員と役人、軍人を国教徒に限定するという《審査法》を通過させました。

　その弟ジェームズ2世（在位1685－88）もカトリックを復権させて絶対主義を強化しようとしたため、議会はジェームズの娘でプロテスタントのメアリとその夫オランダ総督ウィレムを呼び寄せ、王位につけようとしました。ジェームズは形勢不利と見て戦わずフランスに亡命したので、イングランドでは流血はなく、これをイギリス人は《名誉革命》と呼んで誇りにしています（1688－89）。二人はメアリ2世とウィリアム3世となりましたが、聖職者の中にはジェームズ2世を慕う人たちもいました。

　ピューリタン革命と名誉革命を合わせ、イギリス革命と呼びますが、両者は宗教的観点だけから見てもかなり性格が違います。ピューリタン革命は、イギリス国教会と結びついた絶対王政に対抗して、クロムウェルを中心に自分たちの理想の教会制度による政治体制を打ちたてようとした宗教改革ともいえる要素を持っています。

　これに対して名誉革命は、カトリックと結びつこうとした絶対王政の名残に対抗し議会政治を確立したもので、国教会は残りましたが、国家と教会の分離の考え（政教分離）が出てきました。この思想は、名誉革命を擁護した哲学者ジョン・ロック（1632－1704）の『宗教的寛容に関する書簡』によって理論づけられ、後にまずアメリカで根づきました。

ロック

第四章　近代欧米のキリスト教

第2節
啓蒙主義と敬虔主義・メソディズム

　中世においては魔術的な考え方が強く、また自然の事柄を判断するにも聖書の記述やアリストテレスの書物を権威とみなす考えが支配していましたが、しだいに実験や観察を大切にする姿勢が出てきました。16世紀に現れたコペルニクスやガリレイなどによる宇宙についての新しい知識は、科学的思考とキリスト教の世界観との関係という問題をもたらしました。

　前節で述べたイギリスのロックは、経験論（物事を実験観察で確かめることから真理を導き出そうとする立場）の哲学を確立しました。その後イギリスでは《理神論》が盛んになります。それは宇宙の最初の原因としての神は否定しないものの、その後は自然の法則に基づいて世界は動いているという自然科学と信仰の共存を図る考えです。

　フランスでは、人間の理性による思考能力を重視する合理論が強かったのですが、『パンセ』の著者ブレーズ・パスカル（1623－62）のように、優れた自然科学者でありながら独自の深い信仰を持つ人々もおり、科学と信仰の関係は複雑でした。

　18世紀になると、シャルル・ド・モンテスキュー（1689－1755）な

パスカル

第 2 節　啓蒙主義と敬虔主義・メソディズム

どによって《啓蒙主義、啓蒙思想》が発展しました。啓蒙主義は英語で Enlightenment といい、人間の知識の不足を理性の光によって開くという意味です。啓蒙思想家の中にはヴォルテール（本名フランソワ・M. アルエ、1694 － 1778）のように、当時社会を支配していたカトリック教会を正面から批判する人もいました。

　こうした合理的思想の流れとは対照的に、ドイツでは信仰の純粋さを取り戻そうという《敬虔主義》と呼ばれる運動が起こりました。その歴史的背景として、ドイツを大混乱に招いた宗教戦争である 17 世紀前半の三十年戦争が考えられます。神聖ローマ帝国内のボヘミア（チェコ）の反乱で始まり、政治的野望と宗教的信念がからみ合ったこの戦争は、プロテスタント国デンマークやスウェーデンが介入し、後期にはカトリック国フランスがプロテスタント側に味方するなど複雑になりました。ドイツは領邦と呼ばれる小国に分裂したままで、ウェストファリア条約（1648 年）によってその後のヨーロッパの政治体制を大きく決定づけることになりました。そして、教会の宗派対立がこうした悲劇をもたらしたことへの反省が生じたのです。

ヴォルテール

　ルター派教会がドイツのプロテスタント領邦に制度として定着し正統主義の神学が硬直化したと感じて、聖書に忠実に自分の内面を見つめ、それぞれの信仰の世界を築こうとした流れが敬虔主義の運動です。

　フィリップ・J. シュペーナー（1635 － 1705）は北部ドイツの大きな領邦、ブランデンブルク・プロイセンで活躍し、

シュペーナー

創設されて間もないハレ大学を活性化させました。彼は牧師館で信仰集会を開いて聖書に基づく生活を実践し、《敬虔の集い》と呼ばれました。また、中部ドイツのフランクフルトで社会福祉的活動も行なっています。

　さらにハレの敬虔主義の名を有名にしたのは、アウグスト・H. フランケ（1663－1727）です。彼はライプツィヒの《聖書を愛する者の集い》で聖書を熱心に読んでいて、突然回心の経験をしました。彼はシュペーナーの影響も受けて、ハレ大学の教授となり、貧しい青年たちのための学校や孤児院で活躍しました。これには当時発展しつつあったプロイセン国家の後押しもありました。

フランケ

　ザクセンでは新しい敬虔主義が広まりました。ツィンツェンドルフ伯爵（1700－60）は、フス派の流れを汲むモラヴィア兄弟団（⇒第二章第 5 節参照）の難民を自分の領地に受け入れ、《ヘルンフート（主の守り）》と呼ばれる共同体を建設するのに協力しました。彼の信仰は、心の深くに神とキリストと自分との交わりを求めるものでした。これには中世末期以来の、神との合一を図ろうとするドイツ神秘主義の影響もあります。

ツィンツェンドルフ伯爵

　ヨハン・S. バッハ（1685－1750）の宗教音楽も、敬虔主義の影響を受けており、特に教会用オルガン曲やマタイ、ヨハネ福音書に基づいた受難曲などには、彼の深い信仰が表わされています。なおバッハまでの音楽を《バロック音楽》と呼びますが、バロックと

第2節　啓蒙主義と敬虔主義・メソディズム

ジョン・ウェスリ　　　　チャールズ・ウェスリ

はもともと17世紀を中心に栄えた美術・建築様式の名称で、絶対主義時代の宮殿に多く見られます。教会建築としてはロマネスク、ゴシック、ルネサンス様式に続き、有名なものには、ロンドンのセント・ポール（聖パウロ）大聖堂などがあります。

　イギリスのメソディストも敬虔主義と共通した信仰復興運動の一つで、その創始者はジョン（1703－91）とチャールズ（1707－88）のウェスリ（ウェスレー）兄弟です。ジョンがオックスフォード大学で教え始めたとき、弟チャールズやその友人とともに規則を厳格に守る《ホーリークラブ》というグループの指導者になり、彼らは《Methodist（几帳面屋）》と皮肉で呼ばれました。

　ジョンはやがてアメリカ大陸への伝道の使命を感じてアメリカ植民地に渡ったものの、失敗に終わりました。落胆していた彼は、ロンドンでモラヴィア兄弟団が集会をしているのを知り、そこでルターの聖書解釈の言葉を聞き、大きな回心の経験をしたのです。彼はそれ以後、仲間とともに熱心に伝道し、屋外などで説教しました。

　メソディストの生活態度はピューリタンと似ていますが、ピューリタンはカルヴァンの流れを汲み、神の絶対性を強調する傾向にありました。これに対してウェスリは、人間の自由意志も重んじるオランダの改革派神学者アルミニウス（⇒第三章第3節参照）の影響

第四章　近代欧米のキリスト教

> ◎　**ジョン・ウェスリの生涯のエピソード**　◎
>
> 　彼は変化に富む一生を送った人ですが、いくつかの出来事が彼の信仰に大きな影響を与えています。
> 　イギリス国教会の牧師の子として生まれたジョンは、幼い頃、牧師館が大火に見舞われて家が焼け落ちる寸前に危うく助けられました。その経験で彼は「神に助けられた自分は、一生を神のために捧げよう」という気持ちにされたといいます。
> 　また、アメリカへの伝道を志して渡航したとき、船が激しい嵐に襲われて彼が今にも沈みそうな恐怖に駆られているとき、乗り合わせていたモラヴィア兄弟団の一行が、少しも動揺することなく静かに賛美歌を歌っていた様子に深く心打たれたのです。そして帰国した1738年、ロンドン近郊のアルダスゲートで偶然このモラヴィア兄弟団の集会に出て、決定的回心をしたのでした。

を受けて、信仰によって人間は神の前に正しいと認められるとともに、神の恵みへの人間の応答としてキリストに従って生きようとする姿勢も大切と、主著『キリスト者の完全』で示しました。

　ジョンは世界がキリスト教を伝える対象であると考えて馬に乗って旅行しながら伝道し、一生に4万回もの説教をしました。カルヴァン派がおもに中産階級へ浸透したのに対し、メソディストは炭鉱労働者などへの伝道と彼らを貧しさから救う社会活動も行ないました。

　弟のチャールズは、6,000以上の賛美歌の詞を作り、その中には「あめにはさかえ　み神にあれや」「あめなるよろこび　こよなき愛を」のように今日まで歌われているものも多くあります。

　ウェスリ兄弟はイギリス国教会から分離するつもりはありませんでしたが、後に聖職者についての考えの違いなどで対立が深まり、メソディストは国教会と異なる教派としてアメリカなどに広がっていきました。

第3節
17世紀から19世紀の
北アメリカのキリスト教

　1620年、ジェームズ1世による迫害を逃れていったんオランダに移ったピューリタンの一行が、メイフラワー号に乗って大西洋を渡り、船上で新しい社会を築く契約を神の前に行ない、アメリカ北東部のニューイングランドの一角に上陸しました。《巡礼父祖（ピルグリム・ファーザーズ）》と呼ばれる彼らは、ここをプリマス植民地と名づけて開拓を始めましたが、最初の冬は飢えに苦しみ、半数が亡くなったといわれます。先住民にもらったとうもろこしが次の年の秋に実り、これを喜ぶ行事が感謝祭の起源になりました。彼らはイギリスの《分離派、独立派》の流れで、聖職者と信徒の差を強調せず、教会を自分たちの自治で運営したので、《会衆派》と呼ばれています。

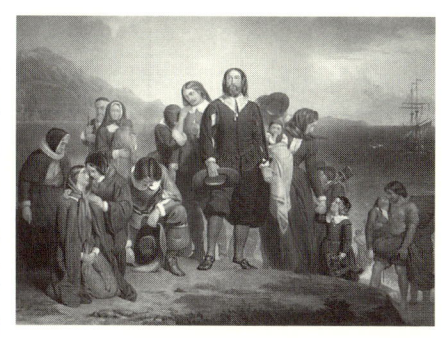

ピルグリム・ファーザーズの上陸
（チャールズ・ルーシー画）

　また、スコットランドに広がった《長老派》が、さらにアイルランドを経てニューヨークやペンシルヴァニアなどに広がりました。
　ピューリタンは自分たちを神に選ばれた聖徒として自覚し、飲酒、賭博、派手な服装、安息日違反などを厳しく取り締まりました。この姿勢はクリスチャンの生活を謹厳実直なものにした反面、極端に

第四章　近代欧米のキリスト教

走ると魔女狩り問題も起こっています。

　アメリカではほかにもヨーロッパから逃れてきたさまざまな教派が発展しました。元イギリス国教会牧師ロジャー・ウィリアムズ（1603頃－83）は、信仰の自由を求めてアメリカでも苦しい荒野の旅を続けた末、ロード・アイランドにバプテストの教会を作りました。体を水に浸して洗礼を授ける《バプテスト派》は、17世紀初めにイギリスでできたもので、アルミニウス的な一般バプテストとカルヴァン派的な特定バプテストに分かれていました。現在、アメリカでは最も大きな教派です。

ウィリアムズ

　《フレンド派》はイギリスのジョージ・フォックス（1624－91）によって始められた神秘主義の要素を持つ教派で、沈黙の礼拝を守り、「内なる光」に感ずると体が震えて語りだすところから《クエーカー》とも呼ばれます。クエーカーのウィリアム・ペン（1644－1718）は、イギリスで迫害を受け、17世紀末にアメリカに渡りました。ペンは徹底した平和主義の理想を実現しようと、チャールズ2世から土地占有を許され、ペンシルヴァニア（ペンの森）をつくり、他の教派に寛容な姿勢を採りました。

ペン

　メリーランドにはカトリックが入り、南部には北米で最も古く1607年にイギリス国教徒がヴァージニアに移住したところから、一般に国教会（聖公会）が浸透しました。やや遅れてルター派やモラヴィア兄弟団など、ドイツ系の教会も進出してきました。

　18世紀にはイギリスと同様、アメリカでも《大覚醒》と呼ばれ

第3節　17世紀から19世紀の北アメリカのキリスト教

る信仰復興運動（リバイバル）が起こりました。会衆派牧師ジョナサン・エドワーズ（1703－58）は、予定説に立ちながら人間の主体性も重視し、「人間はすべて堕落しているため、神の審判を受けなければならないが、悔い改めて信仰を持つものは救われる」と熱心に説きました。彼の説教に、多くの聴衆が競って悔い改めを表明したといわれます。

エドワーズ

またジョン・ウェスリの友人で、メソディストの創始者の一人でありながらカルヴァン主義的であったジョージ・ホイットフィールド（1714－70）もアメリカで活躍しました。彼の情熱的な「大衆伝道」のあり方は、教会の中でも賛否両論を巻き起こしました。

1775年にアメリカ独立戦争が起こると、これに対して多くの教派は独立を支持しました。これには先に述べた第一次信仰復興運動の情熱が関係あるともいわれます。特に本国での圧迫に苦しんでアメリカに移住した会衆派は熱烈に独立を支持し、長老派やバプテスト派も同様でした。聖公会はイギリス国教会との関係から、独立支持者と反対者とに分かれました。当時国教会と正式に分かれていなかったメソディスト派もウェスリが本国への忠誠を勧告したため、おもに本国を支持しました。

クエーカーやモラヴィア派、オランダの再洗礼派メノー・シモンズ（1496頃－1561）から発した《メノー派》などは、絶対平和主義だったため、本国と植民地の両方から迫害を受けました。

このように独立革命とキリスト教各教派の関係は複雑でしたが、独立が達成されると国家と宗教の関係が問題になり、州の法律改正を経て、合衆国憲法の修正条項で信教の自由が規定され、国家と宗教の分離が確定しました。アメリカの各教派はヨーロッパのような

第四章　近代欧米のキリスト教

西部での野外伝道

国家の保護による国教会という形を取らないことがはっきりしたのです。このようなあり方を《自由教会》と呼んでいます。

19世紀に西部への開拓が進むにつれ、それに伴う急激な社会変動に対応することができたバプテスト派やメソディスト派、長老派から分かれアメリカで成立したディサイプルス派が成長し、また第二次信仰復興運動が起こりました。ただ、先住民（インディアン）に対する伝道は、「侵入者」への彼らの抵抗感からどの派もうまくいきませんでした。

南北戦争（1861－65）が起こると、長老派、メソディスト、バプテストはそれぞれ南北に分裂し、北部の教会は連邦維持で奴隷制反対、南部は積極的な奴隷制維持を唱えました。クエーカーはどの教派より早く奴隷制廃止を訴えていました。しかし奴隷制廃止が宣言された後も、南部の教会は長い間、白人教会と黒人教会（現在では「黒人」はアフリカ系アメリカ人と言うべきですが、歴史用語として使います）とに分かれて人種差別が続けられました。黒人教会では彼らの深い信仰を表す《黒人霊歌》が広まりました。

1840年代にイングランド支配下のアイルランドでジャガイモの凶作が原因の大飢饉が起こり、後に数百万人のカトリックがアメリカに移住してきました。彼らはアメリカ社会の主流をなしたプロテスタントから差別されがちでした。

19世紀末にアメリカが西部の開拓を完成させて《辺境（フロンティア）》とされてきた地域がなくなると、太平洋へ進出し、それが熱心な信仰による海外伝道と結びついた面もあると考えられます。

第4節
ヨーロッパ市民社会のキリスト教

　17世紀のフランスは、ブルボン朝による絶対主義時代で、王が王権神授説によってカトリック教会に力を及ぼしていました。18世紀にはアンシャンレジーム（旧制度）と呼ばれて絶対王政が残り、聖職者、貴族、平民の3つの身分のうち聖職者が最上位を占めていたとされますが、実際上平民に近い聖職者も多くいました。
　1789年に始まったフランス革命は、下級聖職者の一部がそれに関わったとはいえ、カトリック教会に大きな打撃を与えました。啓蒙主義の影響で革命政府は教会の権威を否定し、教会財産の没収、国有化がなされ、聖職者は革命政府に忠誠の誓いを立てさせられたのです。
　革命の成果の一部を引き継ぎ、市民社会の自由の考えを広げると称することによって19世紀初めのヨーロッパを支配したのがナポレオン・ボナパルト（1769－1821）でした。彼はカトリック教会を政治的に利用しようと、教会と妥協して1801年《政教協約（コンコルダート）》を結びました。これはカトリックをフランス国民多数の宗教と認めながら、司教の指名は条件付きで政府が行なうとするものですが、彼はその後対立した教皇ピウス7世（在位1800－23）に圧力を加え、教皇をフランス皇帝領に幽閉してしまいました。
　しかしフランス革命とナポレオン戦争後のヨーロッパの秩序を立て直そうとしたウィーン会議（1814－15）は古い時代の考え

第四章　近代欧米のキリスト教

に戻り、教皇ピウス7世によってカトリック勢力の回復がなされました。そうした中、18世紀までの国家中心的な考えに対抗して、教皇の権威を再び強調する主張も出てきました。ピウス9世（在位1846－78）のもと、《第一ヴァティカン公会議》（1869－70）では、「教義に関することでは教皇には間違いがない」とする《教皇無謬説》が宣言されました。昔からあったこの主張は、ここでカトリック教会の正式な立場となったのです。

　ウィーン会議の結果としてのウィーン体制の下で始まり、1850年前後から急展開を見せたイタリア統一運動においては、教皇はこれと対立関係にありました。1861年にイタリア王国は一応成立しましたが、ドイツ統一を目指したプロイセンとフランスの戦争（1870－71）でフランスが敗れ、教会はフランスの武力による後ろ盾をなくし、教皇領はイタリア王国に併合されました。そして教皇は自分を《ヴァティカンの囚人》と称することになったのです。

　イギリスでは役人や議員などからカトリック教徒が締め出されていましたが、産業革命後の自由主義的改革の一つとして1829年にカトリック解放法が出されて以後、認められるようになりました。

　中道といわれるイギリス国教会の中にも、儀式伝統を重んじるカトリックに近い高教会（ハイチャーチ）と、儀式などを低く見るプロテスタント的な低教会（ロウチャーチ）、幅広い層を受け容れる広教会（ブロードチャーチ）という違いがありますが、その高教会に《オックスフォード運動》という信仰覚醒（復興）運動が生じてきました。その創始者の一人ジョン・H.ニューマン（1801－90）は、『時局冊子』を発行して国教会の革新運動を進めていましたが、それが認められなかったのでカトリックに改宗し、大きな影響を与えました。

ニューマン

第4節　ヨーロッパ市民社会のキリスト教

　19世紀には、プロテスタント神学もドイツを中心に大きく変化しました。近代神学の祖と呼ばれるフリードリヒ・D. E. シュライアマッハー（1768 − 1834）は、「宗教とは、何かに絶対的に依存する感情である」と述べ、以後、神学のテーマは人間の主観的側面を取り上げるようになります。

シュライアマッハー

　その考えを受け継いだドイツの神学者たちによって形成された《自由主義神学》は、キリスト教が近代市民社会に受け容れられるように倫理的な側面を強調し、またキリスト教を歴史的に研究しました。そして聖書の研究にも歴史学的な方法を取り入れる傾向が強まりました。

　一方、デンマークではセーレン・A. キルケゴール（1813 − 55）が出て自分の内面を徹底的に見つめ、形式主義に陥りがちなルター派国教会を厳しく批判し、「人はど

キルケゴール

のようにして真のキリスト者となるか」を問題にしました。彼は『死に至る病』などを著して《実存主義の祖》とされます。

　市民社会の成長とともにその問題点の改良に取り組む思想が出てきて、キリスト教と社会との関わりも積極的になされました。イギリスの庶民院議員ウィリアム・ウィルバーフォース（1759 − 1833）は奴隷制度廃止のため力を尽くし、彼の死の直前、奴隷解放法が成立したのです。

　1844年にはロンドンで《キリスト教青年会（YMCA）》が成立し、その後《キリスト教女子青年会（YWCA）》もでき、社会に奉仕する姿勢を青年に与えました。さらにジョン・F. D. モリス（1805

―72)が始めた《キリスト教社会主義》は「神の愛を一切の出発点として考える」という観点から、社会改良の重要性を唱え、こうした考えはドイツの教会などにも現れました。

これに対して、革命によって資本主義社会を変えるべきだとしたマルクス主義は、キリスト教を厳しく批判し、同じ頃現れたダーウィンの進化論や、「神の死」を唱えた哲学者ニーチェの思想も、従来のキリスト教の世界観を大きく揺るがすものでした。キリスト教とこれらの思想との関係については、さまざまな議論があります。

◎ **19世紀の反キリスト教的思想** ◎

ドイツのカール・マルクス（1818–83）とフリードリヒ・エンゲルス（1820–95）によって「科学的社会主義」と名づけられた《マルクス主義（共産主義）》思想によれば、歴史を動かすのは物質的なもの（おもに経済的な関係）の矛盾であるとされます。これを《史的唯物論》といい、精神的なものは物質的なものの反映に過ぎないと考えます。キリスト教などの宗教は、社会問題の解決には役立たず、社会構造の矛盾からくる物質的貧困から目をそらす「民衆のアヘン」とみなされたのです。

『種の起源』の著者として有名なイギリスのチャールズ・ダーウィン（1809–82）の進化論は、「創世記」の創造物語を文字通り信じようとするキリスト者には、神による創造を否定する反キリスト教的な思想と受け取られて衝撃を与えました。現在でも保守的なキリスト教の勢力が強いアメリカの一部などでは、進化論に対する反発が根強く残っているところもあります。

ドイツのフリードリヒ・W. ニーチェ（1844–1900）は、時間と物事の変化は永遠に回帰するというギリシア思想に立って、キリスト教の天地創造と終末（最後の審判）を前提とする直線的な歴史の見方を否定しました。これはイエス・キリストの十字架のような歴史上１回限りの出来事の重要性や人生の意味を否定する虚無主義（ニヒリズム）につながります。また、キリスト教は、「強者」に対する「弱者」の恨み(うらみ)から出た「羊の道徳」であり、人間の理想は、力強い「超人」であると主張しました。

第5節
20世紀前半の欧米のキリスト教

　19世紀末から世界は帝国主義時代といわれ、欧米の強国が世界を分割していきました。20世紀初めにはさらにその勢いが強くなり、帝国主義国家同士の戦いとしての第一次世界大戦となりました。イギリス、フランス、ロシアなどの《連合国》とドイツ、オーストリアなどの《同盟国》との戦いが始まり、同盟国だったイタリアは遅れて連合国側に加わりました。カトリック教会とローマ教皇は中立を保って調停をしようとしましたが、成功しませんでした。

　今までに人類が経験したことのない第一次世界大戦の悲惨を味わったヨーロッパでは、「人間の理性によって人類は進歩し、将来は良い時代が到来する」というそれまでの楽観的考えが崩れ去ったのです。これはキリスト教界にも大きな変化を与えました。

　スイス人でドイツでも活躍したカール・バルト（1886 － 1968）は1919年に出版した『ローマの信徒への手紙（講解）』によって脚光を浴びました。彼は、自由主義神学が近代思想の特色として人間の立場から神を論じていると批判し、宗教改革者の原点に戻って聖書を神の言葉として聞くことを主張しました。これを「神の言(ことば)の神学」などと呼びます。これには日本で教えたこともあるスイス

バルト

第四章　近代欧米のキリスト教

のエーミル・ブルンナー（1889 － 1966）も含まれますが、二人の思想は《啓示》についての考えなどにおいてかなり異なります。

　ドイツのルドルフ・ブルトマン（1884 － 1976）は、聖書の研究で《非神話化》を提唱しました。聖書は古代的世界観で書かれているため、現代人がそのまま受け取ることはできず、歴史上のイエスを知ることは不可能とし、大切なのは、イエスの存在がキリストを宣べ伝える教会の宣教となったことであり、その呼びかけに対して神の前に立たされる自分がどう決断するかだというのです。

　敗戦国ドイツの困難な状況に乗じてナチスが権力を握ると、これに迎合した《ドイツ的キリスト者》の運動が現れ、1933 年にはユダヤ系の牧師を追放するに至りました。これに対して、ドイツ的キリスト者の考えは聖書の福音から外れていると批判し、キリストを主とすることに立ち返ろうという《告白教会》が 1934 年にでき、《バルメン宣言》を出しました。バルトもこの宣言の起草者の一人でしたが、ドイツを追われてスイスに戻り、この《ドイツ教会闘争》に関わりながら、大著『教会教義学』を書き続けました。

　ドイツ、日本と同じ枢軸国といわれたイタリアでは、ムッソリーニがナチスに似た《ファシスト党》によってファシズムつまり全体主義の政権を立て、独裁政治を行ないました。教皇ピウス 11 世（在位 1922 － 39）は、ムッソリーニの政権と 1929 年にラテラノ協定を結び、教皇がいるローマのヴァティカン宮殿周辺を独立した国家《ヴァティカン市国》としてイタリア政府に認めさせました。

　さらに教皇は 1933 年にはヒトラーのナチ政権と政教協約を結びましたが、ナチスが反キリスト教国家であることを知ると、ピウス 11 世はナチス政権に烈しく抗議しました。第二次世界大戦勃発直前に彼は亡くなり、後継者のピウス 12 世（在位 1939 － 58）はナチスのユダヤ人迫害を黙認したと批判もされています。しかし第二次大戦中は捕虜、難民の救済に尽力しました。

　ドイツのポーランド侵攻によって第二次世界大戦が勃発し、ヨー

第5節　20世紀前半の欧米のキリスト教

ロッパに加え、アジア・太平洋地域でも極めて大きな戦争となり、第一次大戦をはるかに上回る悲惨な結果を生み出したのです。

　優れた神学者で告白教会の牧師ディートリヒ・ボンヘッファー（1906－45）は、ヒトラーに対する抵抗運動を積極的に行なったため捕らえられ、2年間の獄中生活で『獄中書簡』を書き続けましたが、大戦終了直前に処刑されました。彼は、行動を伴わない教会の信仰を《安価な恵み》と批判しました。

　またドイツの神学者でオルガニストのアルバート・シュヴァイツァー（1875－1965）は、第一次世界大戦直前からアフリカで医療伝道に従事し、生涯をそれにささげ、第二次大戦後には核実験禁止を訴えたことで知られています。

　カトリックでは、ドイツのイエズス会神父が抵抗運動で処刑され、また日本に来て長崎で伝道し貧しい人のために尽くしたこともあるポーランドのマキシミリアン・コルベ神父（1894－1941）は、ナチスのアウシュヴィッツ収容所で死刑を言い渡された兵士に代わって自らの命をささげました。

ボンヘッファー

　時代は戻りますが、アメリカ合衆国は20世紀初めに資本主義が発達して繁栄するとともに、貧富の差も増大しました。この問題に取り組んだキリスト者の一人としてウォルター・ラウシェンブシュ（1861－1918）は、貧民街に近いバプテスト派教会の牧師となり、移民や労働者の実態を知って《社会的福音》を唱え、労働組合などを重視して神の国の実現をこの世にもたらそうと努力しました。これは日本のキリスト教社会運動家にも影響を与えています。

　一方で、社会的福音や自由主義神学の《近代主義》に反対し、聖書をすべて文字どおりに信じて進化論を完全否定する保守的な信

仰を守ろうとする立場もあり、《根本主義（ファンダメンタリズム）》あるいは《キリスト教原理主義》と呼ばれています。

それとは違う観点ですが、ラインホールド・ニーバー（1892 – 1971）は、社会的福音などが人間の罪の問題を簡単に考えすぎ、社会を容易に改善できると考えていると批判しました。そして《キリスト教現実主義》と呼ばれる考えで全体主義への抵抗を主張し、第二次世界大戦後には共産主義に対する態度にもこれを適用させました。彼はバルトの神学的影響も受け、保守的正統主義とも自由主義神学とも違う《新正統主義》のアメリカにおける代表者です。また、ナチスに弾圧されアメリカに亡命したパウル・J.ティリッヒ（1886 – 1965）の哲学的神学は宗教と文化の対話につとめ、日本にも影響を与えました。

ニーバー

第一次世界大戦でアメリカは貿易上の観点から最初中立していたものの、ドイツの無制限潜水艦作戦が始まると連合国側に参戦しました。アメリカの教会は総じて戦争協力の姿勢をとりましたが、平和主義を採る(と)クエーカーなどは軽蔑され、再洗礼派の流れを汲むフッター派のようにカナダへ移住したものもありました。

アメリカなどが「全体主義との戦い」と位置づけた第二次世界大戦でも、これらの教派の信徒は良心的兵役拒否を行なって、戦闘に直接関わらない仕事につきました。ただし、良心的兵役拒否者として登録した人々のうち、実際に認められたのはわずか1パーセントだったといわれます。

人類史上最大の悲劇だった第二次世界大戦は、最後はヒトラーの自殺によるドイツの降伏（1945年5月）と、アメリカによる広島・長崎への原爆投下、ソ連の対日宣戦後の日本の降伏（1945年8月）で終結を迎えたことは知られているとおりです。

第五章
アジアと日本のキリスト教、
そして現代世界のキリスト教

　今まで学んできたように、キリスト教は欧米の宗教というイメージが強いのですが、発祥地は中近東で、アジア、アフリカに早くから入っており、近代において再度、アジア、アフリカそして中南米にも広まりました。それは植民地化と切り離せない面を持ちながらも、独自の力で各地に根付き、現代ではさらにそれらの地域で広まっています。

　日本では江戸時代のキリシタンは、弾圧されて潜伏せざるを得ませんでした。しかし開国後、伝道は徐々に再開され、禁教令が事実上解かれるにつれて、プロテスタントも積極的な宣教活動を行ない、日本の近代化に影響を与えました。

　20世紀に世界は二つの大戦争を経験し、ドイツをはじめヨーロッパのキリスト教会は大きな試練を受けました。このことはすでに前章で学びましたが、日本のキリスト教も厳しい状況に立たされました。

　第二次世界大戦後の世界でも、キリスト教はさまざまな挑戦を受け、最近、ヨーロッパ諸国のキリスト教は低迷し、日本でもキリスト教徒は増えていません。にもかかわらず、キリスト教の世界的影響は大きく残っています。そして教会一致への動きもなされています。

　この章ではそれらについて学びながら、日本のキリスト教（主義）学校の歴史も考える参考になれば、と思います。

第五章　アジアと日本のキリスト教、そして現代世界のキリスト教

第1節
アジアのキリスト教と
日本のキリシタン

　中国には唐の時代7世紀に、ローマ帝国で異端とされたネストリオス派キリスト教がイランなどを経て伝わり、景教（けいきょう）と呼ばれました。首都長安には《大秦（たいしん）景教流行中国碑（ひ）》と呼ばれるものが残されています。

　モンゴル人がユーラシア大陸の大部分を支配した13世紀中頃には、ローマ教皇の使節プラノ・カルピニやフランス王使節ギョーム・ド・ルブルックが、アジアにキリスト教国が存在するという伝説に基づいてモンゴル高原に送られ、13世紀末の元朝のときには、イタリア人モンテ・コルヴィノがマルコ・ポーロも滞在した大都（だいと）（現在の北京）で30年以上にわたって伝道をしました。

　16世紀以後、対抗宗教改革のカトリック勢力はアジア伝道を積極的に行ないました。スペインがおもに中南米に進出したのに対し、ポルトガルはブラジルのほかアジア・アフリカ方面に進出し、これは王の保護を受ける形の布教でした。インドにはキリスト教はかなり古くから伝わっていましたが、歴史的影響が多く残るのは、これ以後のヨーロッパ人によるものです。

大秦景教流行中国碑
（西安碑林博物館蔵）

第1節　アジアのキリスト教と日本のキリシタン

　イエズス会のフランシスコ・ザビエル（1506－52）はポルトガル王の要請を受けたイグナティウス・デ・ロヨラからインド伝道に送られ、日本伝道の後に中国を訪れようとしましたが、本土上陸を果たす前に亡くなりました。

　その後イタリア人マテオ・リッチ（1552－1610）などイエズス会宣教師が明朝を訪れ、中国名も名乗り、北京を中心に布教しま

ザビエル（後世の日本人画家による想像図）
（神戸市立博物館蔵）

した。彼が作成した世界地図『坤輿万国全図』は、中国人や日本人にも世界を知らせるのに役立ち、彼と学問の上で協力した役人徐光啓は当時《天主教》といわれたカトリックに入信しました。

　満州民族が中国を支配した清朝でも、イエズス会宣教師は宮廷で仕えて活躍し、暦の改訂に尽くしたドイツ人 J. アダム＝シャール（1591－1666）や中国全土の地図作成に協力したフランス人ジョアシャン・ブーヴェ（1656－1730）などがヨーロッパの文化を紹介しながら伝道していきました。

　しかしイエズス会は中国伝道をしやすくするため、古くからある孔子崇拝や先祖の祭りなどを信徒に認めたため、これを批判するドミニコ会やフランシスコ会の宣教師が教皇に訴えて《典礼問題》が起こりました。教皇はイエズス会の宣教方法を禁止したため、清朝の康熙帝（在位1661－1722）は対抗してイエズス会以外の布教を禁止し、雍正帝（在位1722－35）のとき、キリスト教は全面的に禁止されてしまいました。異教の地に伝道する場合、土地の宗教や習俗とどの程度妥協するかは難しい問題で、後にプロテスタントが中国伝道した際や日本でも大きな課題でした。

　ザビエルは、マラッカで「やじろう」という日本人に出会って彼

91

第五章　アジアと日本のキリスト教、そして現代世界のキリスト教

に伝道し、やじろうとともにC.トルレス（スペイン人）、J.フェルナンデス（ポルトガル人）の二人の宣教師を連れて1549年鹿児島に上陸しました。以後平戸、山口を経て京都に上り、天皇と会おうとしてできず山口に戻り、大分でも伝道しています。

　後継者トルレスは、ポルトガル商船による貿易活動も利用して山口や大分に伝道し、大村純忠（1533－87）に大名として初めて洗礼を授けました。純忠は長崎を開港して、イエズス会に寄進しました。

　府内（大分）は早くから海外貿易を保護し、その領主大友義鎮（1530－87）は、領内にキリスト教の学校コレジヨを建て、隠居して宗麟と名乗った後も熱心に伝道しました。しかしこれらのキリシタン大名は、親戚・家臣などの反発も受けています。

　イエズス会のイタリア人司祭でインドから日本までめぐって伝道を視察する役のA.ヴァリニャーノ（1537－1606）は、京都で布教していたL.フロイス（1532－97）を通訳として織田信長に会いました。信長は仏教界に対抗する都合上、キリシタンに好意的でした。ヴァリニャーノは中国での経験から日本社会に適応する形で伝道を進めたので、効果は上がったものの、その方法には批判もありました。彼は島原の領主有馬晴信（1567－1612）を信徒にしています。

　ヴァリニャーノの提案で、大村、大友、有馬の三大名は協力して《天正遣欧使節》（天正10年〔1582〕－天正18年〔1590〕）と呼ばれる少年使節団をローマへ送りました。彼らは教皇に謁見し、帰国した時にはキリスト教は禁止されていたものの、豊臣秀吉に会い、好感を与えました。

少年使節団と引率者のメスキータ神父

第1節　アジアのキリスト教と日本のキリシタン

　信仰内容の点では、カトリック教会の『ローマ教理問答書』が日本に到来して『ドチリナ・キリシタン』（「キリスト教教理」の意味）として翻訳されたのが最初といわれます。また、日本で伝道したパードレと呼ばれた司祭（神父）たちは自ら信仰問答を作りました。

　日本では、キリシタン文化を南からきた蛮人のもたらしたものとして《南蛮文化》と呼びましたが、物珍しい西洋の物産だけでなく、当時の西欧の進んだ学術が入り、学校（セミナリオ、コレジヨ）や病院が建てられました。日本の教会ではグレゴリオ聖歌が歌われ、小型パイプオルガンも輸入されています。

> ◎　『ドチリナ・キリシタン』の主の祈り　◎
>
> （ぱあてる・なうすてる）
>
> 天に御座ます我等が御親御名を貴まれ給へ。御代来り給へ。天にをいて御おんたあでのままなるごとく、地にをひてもあらせ給へ。我等が日々の御養ひを今日与へたび給へ。我等より負ひたる人に赦し申ごとく、我等負ひ奉る事を赦し給へ。我等をてんたさんに放し玉ふ事なかれ。我等を凶悪よりのがし給へ。あめん。
>
> ※　おんたあで＝神の御旨
> 　　てんたさん＝誘惑

　初めキリシタンに一定の理解を示していた豊臣秀吉は、キリシタンの熱心な信仰が天下統一の妨げとなると判断して、宣教師を追放しました（伴天連追放令、1587年）。貿易は統制に服する限りで許していましたが、追放令にもかかわらず布教しようとしたフランシスコ会宣教師や日本人修道士などが捕らえられ、1597年に長崎で処刑された《日本二十六聖人の殉教》も起こっています。

　小西行長（1558頃－1600）は秀吉の朝鮮遠征に従って、このとき朝鮮にキリスト教をもたらしたといわれます。彼は関ヶ原の戦いで敗れたとき、キリスト教徒として自殺せずに斬首されました。

　同じ1600年、リーフデ号が豊後（大分県）に到着し、オランダ人とイギリス人が初めて日本に到来しました。

第五章　アジアと日本のキリスト教、そして現代世界のキリスト教

　徳川家康は初め貿易上の理由でキリスト教を黙認していましたが、オランダ人とイギリス人からポルトガルは日本征服の野心があると告げられ、禁教令を出しました。実際スペインとポルトガル間の条約では、日本が両国の勢力範囲として分断されていたのです。一方、オランダがキリスト教を伝道しない条件で鎖国時代に唯一貿易を認められたという面もあります。

　キリシタン大名として早くから知られた高山右近（たかやまうこん）（1552－1615）は、京都南蛮寺建立に協力し、伝道と救貧事業も行ないましたが、禁教令で国外追放となり、マニラ到着後に亡くなりました。

　3代将軍徳川家光は、踏み絵を使って信徒を洗い出し、その後残酷な迫害が続きました。特に《島原の乱（正確には島原・天草一揆）》（1637－38年）では領主の圧制に反抗した農民運動がキリシタンの教えと結びつき、15歳の少年天草四郎（益田四郎時貞（ときさだ）、1623頃－38）を中心に幕府の大軍に激しく抵抗したものの、遂にその拠点原城（はらじょう）は陥落し、一揆は失敗しました。

　これ以後家光はポルトガル船の来航を禁止し、日本は長い鎖国の時代に入るのです。この間にも北九州などで《潜伏キリシタン（隠れキリシタン）》と呼ばれる人々が、表向きは仏教に改宗したように装いながら、自分たちの素朴な信仰を守っていきました。

天草四郎陣中旗（天草キリシタン館蔵）

　幕末の開国時には、外国人居留者のために長崎に大浦天主堂（おおうらてんしゅどう）が建設されました（1865年）。そこへ浦上（うらかみ）の潜伏キリシタンが訪れて、司祭プチジャンに自分たちのことを告白し、これにより《キリシタンの復活》と呼ぶ現象が起きてきました。それに対して幕府は秘密礼拝所を襲い、《浦上四番崩れ》と呼ばれるその地方のキリシタンへの4回目の弾圧がなされました。

第2節
19世紀後半の日本の
プロテスタント・キリスト教

　カトリックに遅れてプロテスタントも18世紀末からアジア伝道を開始し、英国バプテスト教会のW. ケアリはインドに伝道し、ロンドン宣教会のR. モリソンは19世紀初めに中国に伝道を始めました。彼のあとを継いだK. ギュツラフは、最初の日本語訳聖書（ヨハネ福音書）を刊行し、日本伝道を志しましたが果たせませんでした。

　日本にプロテスタントが来たのは、イギリス従軍牧師B. J. ベテルハイムが江戸時代末期1846年に沖縄（琉球）に来て伝道を試み、聖書の沖縄語訳に取り組んだのが最初と考えられます。

　徳川幕府が日米修好通商条約を結び、その後他国とも条約を結んで、開国の第一歩として英、米などに対して神奈川（実際は横浜）、長崎、箱館（函館）を1859年に開港したことに伴って、宣教師として派遣されて来た人々がいます。アメリカ監督教会（聖公会）のJ. リギンズ、C. M. ウィリアムズが長崎に、長老派のJ. C. ヘボン（ヘップバーン）、アメリカのオランダ改革派教会のS. R. ブラウン、D. B. シモンズが神奈川に、同じ派のG. F. フルベッキ（ヴァーベック）が長崎に来日しました。キリスト教界では一般に、この1859年がプロテスタント日本宣教の開始とされています。翌年には、アメリカのバプテスト派のJ. ゴーブルも来日しました。

　当時は幕末の混乱期で禁教は続いていましたので、彼らは日本語の勉強をして聖書の翻訳をしたり、診療所や英語塾を開いたりして

第五章　アジアと日本のキリスト教、そして現代世界のキリスト教

伝道開始の時を待ちました。ゴーブル訳『摩太(マタイ)福音書』やヘボンの診療所などがその例です。フルベッキは明治政府から重んじられ、東京大学の前身の教授として《お雇(やと)い外国人》といわれました。

　ウィリアムズは長崎で最初は居留外国人のための教会堂で働き、その後日本聖公会の発展と立教学院などの創立に尽くしました。

　J. C. ヘボン（1815－1911）は長老派から宣教医として日本に派遣されて医療に貢献するとともに、福音書の翻訳をし、ヘボン式ローマ字を作りました。その妻クララが開いたヘボン塾は明治学院に発展し、J. C. ヘボンはその初代総理です。

　1861年にはアメリカのオランダ改革派教会からバラ夫妻も来日し、バラに日本語を教えた矢野元隆(やのもとたか)はプロテスタント最初の受洗者となりました。1872年に J. H. バラを中心として日本最初のプロテスタント教会が横浜に誕生しました。これは教派を超えた立場と独立自治をうたって日本基督公会(キリストこうかい)（横浜公会）と称しましたが、本国の教派の立場を重視する宣教師との関係で難しい面もありました。横浜公会の会員は横浜バンドと呼ばれ、植村正久(うえむらまさひさ)（1858－1925）のような教会指導者を輩出しています。この教会は長老派と合同し、日本基督一致教会となりました。

植村正久

　明治政府は神道を用いて天皇制国家を確立しようとしたため、キリスト教に無理解で、諸外国の圧力によって1873年に《キリシタン禁制の高札》をそれとなく撤去し、やっと黙認したのが実情です。しかも日本社会には、キリスト教を邪教と考える江戸時代の見方が強く残っていました。

　熊本では藩が若者の教育のため洋学校を設立し、教官としてアメリカから L. L. ジェーンズ（1837－1909）を招いたところ、彼は熱心に教育に当たるとともに、学生

第2節　19世紀後半の日本のプロテスタント・キリスト教

たちを信仰に導きました。後に熊本バンドと呼ばれる彼らは、神への決心として《奉教趣意書》を出し、その熱心な信仰に藩は驚いて洋学校を閉鎖したので、海老名彈正（1856 − 1937）、小﨑弘道（1856 − 1938）らは創立まもない同志社に入学し、二人は後に牧師としてまた同志社でも総長や社長として活躍しました。

　札幌バンドは W. S. クラーク博士（1826 − 86）の活躍で知られています。彼は1876年、札幌農学校（北海道大学の前身）の教頭として赴任し、反対を押し切って聖書を全学生に配布してキリスト教を伝えました。わずか8か月の教育活動でしたが、第一期生は全員《イエスを信じる者の誓約》に署名しました。クラークが札幌を去るときに残した〈Boys, be ambitious〉は「少年よ、大志を抱け」と訳されてあまりにも有名な言葉ですが、その真意については、さまざまな伝承があります。二期生として入学した内村鑑三、新渡戸稲造などはその影響を間接的に受け、宣教師 M. C. ハリスから洗礼を受けて札幌独立教会を建てました。

　しかし内村鑑三（1861 − 1930）は後に、教会という組織に信仰を頼ることに疑問を感じるようになり、一人ひとりによる聖書研究を信仰の土台とする《無教会主義》の立場に立ち、独自のキリスト教のあり方をつくり出しました。

　新渡戸稲造（1862 − 1933）は基督友会と呼ばれたクエーカー派に属し、東京女子大学初代学長として教育に尽くし、

内村鑑三

新渡戸稲造

第五章　アジアと日本のキリスト教、そして現代世界のキリスト教

第一次世界大戦後にできた国際連盟の事務局次長として国際的にも活躍しました。

新島襄(にいじまじょう)(1843－90)は21歳で国外に脱出してボストンに上陸、会衆派教会で洗礼を受けて大学に進み、日本でのキリスト教大学設立の夢を持って帰国、同志社を作りました。彼は個々の教会の独立を重んじる会衆主義の日本組合基督教会の中心の一人となりました。

これらの教派を一致させようとする動きは、さまざまな理由で失敗しました。

明治初期には多くのキリスト教学校が欧米の伝道団（ミッション）によって伝道の手段として創設され、《ミッション・スクール》と呼ばれました。最古のものはヘボン塾で、アメリカのオランダ改革派教会のM. E. キダー女史がヘボン塾の女子を対象に横浜で1870年に開いた塾から始まったフェリス女学院と、長老派教会のカロゾルス（カラーザース）夫人による東京のA(エー)六番女学校（女子学院の前身）もそれに続きます。以後、今日に残るキリスト教学校が続々と創設されました。（⇒年表参照）

明治期のキリスト教は、日本にとって当時先進的な欧米文明を象徴するものの一つであり、指導者の多くが旧幕府側の藩の家臣や旗本の生まれで、閉じられたかに見える自分たちの将来を切り拓く新しい思想として受け容(い)れました。彼らはキリスト教によって日本を新しくしようと考えたのです。

しかし欧米にならおうという社会の風潮に対する反発とキリスト教への反発が重なる面もありました。特に明治国家が大日本帝国憲法を発布し（1889年）、天皇制絶対主義の態度を強くすると、衝突が起こってきました。憲法の《信教の自由》も、「国家の安寧(あんねい)を乱さぬ限り」という限定つきでした。

新島襄

第2節　19世紀後半の日本のプロテスタント・キリスト教

　1890年に《教育に関する勅語》が出され、《御真影》と呼ばれる天皇の写真が学校に配られてこれを拝むことが強制され、忠君愛国の精神が教育されました。第一高等中学校講師だった内村鑑三は、勅語に敬礼しなかったとみなされ、《不敬事件》として辞職させられたのです。これをきっかけに、日本の古い思想を重視する思想家たちのキリスト教攻撃が激しくなり、東京帝国大学教授井上哲次郎はキリスト教を反国家的宗教として排撃し、キリスト教側も反論を加えました。これを《教育と宗教の衝突》と呼んでいます。

　その後もキリスト教は排撃され、1880年にできた東京基督教青年会（YMCA）は、その主張を載せた『六合雑誌』で反論しましたが、必ずしも社会の理解は得られませんでした。島崎藤村など何人かの文学者も一時クリスチャンになったものの、やがてキリスト教から離れました。19世紀末つまり明治時代後半は、発展し始めた日本のキリスト教の勢いが停滞した時期といえます。

　1899年に出された《私立学校令》に伴う《文部省訓令第十二号》によって宗教教育が禁止され、キリスト教学校は、「もし宗教教育を続けるならば正式の学校とは認めず、徴兵猶予の特権と上級学校への進学資格を失う」という厳しい選択を迫られました。キリスト教の立場を捨てる学校も現れた中で、明治学院の井深梶之助や青山学院の本多庸一らは文部省に粘り強く交渉を続け、一時は認可を返上しながらも、結局宗教教育を続ける自由を事実上認められました。しかしミッションスクール全体の弱体化は避けられませんでした。

> ◎　**文部省訓令第十二号**　◎
>
> 「一般ノ教育ヲシテ宗教外ニ特立セシムルノ件」
>
> 　（1899（明治32）年8月3日）
> 一般ノ教育ヲシテ宗教ノ外ニ特立セシムルハ学制上最必要トス　依テ官立公立学校及学科課程ニ関シ法令ノ既定アル学校ニ於テハ課程外タリトモ宗教上ノ教育ヲ施シ又ハ宗教上ノ儀式ヲ行フコトヲ許ササルヘシ

第五章　アジアと日本のキリスト教、そして現代世界のキリスト教

第3節
20世紀前半の日本のキリスト教

　日本は日清戦争（1894 － 95）・日露戦争（1904 － 05）の勝利によって欧米列強の仲間入りをし始めます。内村鑑三（うちむらかんぞう）は、日清戦争を正義の戦争と認めたことを後悔して、日露戦争のときは敢然と非戦論を唱えました。その結果、新聞社をやめねばならず、キリストの再臨を真剣に待望しつつ、独立伝道者として生涯を終えました

　日本の産業革命が進むに伴い、人口が都市に集中するようになった中、1901年から翌年にかけて、プロテスタント・キリスト教の連合体である福音同盟会により、《20世紀大挙伝道》が行なわれました。これは、都市のサラリーマンや学生など中産知識階級が教会に近づく機会となったのです。このとき、植村正久（うえむらまさひさ）と海老名弾正（えびなだんじょう）（1856 － 1937）の間で《福音主義論争》が行なわれ、植村が三位一体、キリストの神性を主張したのに対し、海老名は自由主義的な立場からこれを否定し、前者の考えが正統とされました。

　キリスト教徒の社会的活動としては、全国から孤児を引き取って育てた石井十次（いしいじゅうじ）（1865 － 1914）、死刑廃止を唱え刑務所の改良に力を尽くした留岡幸助（とめおかこうすけ）（1864 － 1934）などの活躍があります。

　19世紀末から20世紀初めには、諸外国の教会の性格の違いが日本においても明確化し、それまですでに形成されていたプロテスタントの教派の確立につながりました。

　《日本基督（キリスト）教会》は先に述べた日本基督公会（こうかい）に源を発し、その後の日本基督一致教会から発展しました。カルヴァンの伝統を受け継

第3節　20世紀前半の日本のキリスト教

ぎながら日本に合った長老制度を取り入れ、使徒信条にプロテスタントの考えを加えた信仰告白をもちました。

《日本組合基督教会》は会衆派を中心としたアメリカの宣教団の協力でできた教会の集合で、後に自給独立しました。国家や社会の問題に関心をいだき、朝鮮伝道に積極的に従事し、教育事業にも関わりました。

《日本聖公会》は、最も早く日本伝道を開始した教派の一つですが、イギリス国教会とアメリカ聖公会両方の影響を受けています。

《日本メソヂスト教会》はそれまでカナダ・メソディストとアメリカの南北メソディスト監督教会の三つの外国教団の影響を受けて分かれていた三派が合同したものです。この教派は教育と禁酒運動などにも積極的でした。

《日本バプテスト教会》はアメリカでは南北の派に分かれており、日本では北部系は東部、南部系は西部に分けて伝道し、後に合同しました。幼児洗礼を否定し、浸礼を行なうことでも知られています。

《日本福音ルーテル教会》は九州地方の伝道に力をいれ、ルターの流れを直接汲んでいるだけに、その教理に忠実でした。

東洋宣教会が改称した《日本ホーリネス教会》は、熱烈な伝道によって庶民の間に根を下ろして、純福音主義と呼ばれました。

イギリスの宣教師W.ブース（1829－1912）が起こした《救世軍（きゅうせいぐん）》は、日本では山室軍平（やまむろぐんぺい）（1872－1940）を指導者とし、形式は軍隊組織ながら民衆のキリスト教として、貧しい人を救済する運動に積極的に関わりました。社会鍋（なべ）は現在も続いています。

アメリカで成立した《ディサイプルス派》は、秋田を中心に東北伝道に力を入れました。

それらの教派分立の中でも、1910年

山室軍平

第五章　アジアと日本のキリスト教、そして現代世界のキリスト教

の英国エディンバラで開かれた《世界宣教会議》の委員長ジョン・R. モット（1865－1955）が日本をたびたび訪れたこともあってその影響により、日本でも連携が模索されました。各教派の合同には困難な問題があり、達成はできませんでしたが、1923年の関東大震災直後、14の教派とYMCA、YWCAなど11団体ほかが参加して《日本基督教連盟》が成立しました。

キリスト教学校の間では、訓令十二号問題などを契機として、1910年に《基督教教育同盟会》が創設され、キリスト教主義学校の交流が図られるとともに、キリスト教大学設立の必要性が訴えられました。今日のプロテスタント系学校の連合組織である《キリスト教学校教育同盟》の前身です。

日本社会に民主的な考えが広がり始めた大正期は、キリスト教の社会への関与も積極的で、大正デモクラシーの代表者吉野作造（1878－1933）は東京帝国大学YMCA理事長を務めたクリスチャンでした。この時期の婦人解放運動におけるキリスト教の影響も大きなものがあります。《日本基督教婦人矯風会》は世界組織の一環として1886年に矢嶋楫子（1833－1925）を初代会頭として始まった運動ですが、平和問題や禁酒運動、売春に反対する活動などをして今日まで続いています。

第一次世界大戦に日本が参加して、その一時的好景気の恩恵を受けながら、その終了後から不況に陥り、労働者の生活は苦しくなりました。そのような中で、安部磯雄（1865－1949）は労働者階級のための活動をしたキリスト教社会主義者の政治家として知られます。

賀川豊彦（1888－1960）はスラム伝道や労働組合運動、農民組合運動の指導者でしたが、1930年から5年間なされた《神の

矢嶋楫子

第3節　20世紀前半の日本のキリスト教

国運動》の提唱者でもありました。この運動は、資本主義の発達に伴う貧富の差で生じた「貧しい人、圧迫されている人」を対象に日本の教会が協力して伝道した点が従来にないことでしたが、戦争に向かう時代の変化で困難を伴っていました。

　すなわち1929年にアメリカから始まった世界恐慌は日本にも深刻な影響を与え、海外に活路を見出そうとする動きが強まりました。1931年の満州事変を画期とする大陸侵略への道は、翌年の満州国建国宣言、翌々年の国際連盟脱退という形で日本の国際的孤立を深めていったのです。

賀川豊彦

　1937年の盧溝橋事件により、それまでの日中の衝突は日中戦争へと発展し、翌年の国家総動員法によって戦争への協力体制が呼びかけられました。内村鑑三の流れを受け継ぐ無教会の矢内原忠雄（1893 − 1961）は、国家の政策を批判して東京帝国大学教授を辞任しました。

　1939年、日本では国家体制強化のために《宗教団体法》が成立し、各宗教を国家が支配管理しようとする動きが強まりました。日本のキリスト教指導者の多くは、この法律によってキリスト教が教派神道や仏教と同等の立場に置かれ、文部省の保護を受けて日本社会でキリスト教排撃の動きが減るだろうと考えました。この年、ヨーロッパは第二次世界大戦に入ったのです。

　1940年10月には、米英との戦いを意識して政府に協力するための大政翼賛会が発足し、その同時期、日本のプロテスタントの多くが集って《皇紀二千六百年奉祝全国基督教信徒大会》を開きました。ここで発表された《皇紀二千六百年と教会合同》には、天皇制支持とキリスト教信仰を一致させようとする姿勢が見られます。

　1941年5月には、カトリックが宗教団体法に従って《日本天

第五章　アジアと日本のキリスト教、そして現代世界のキリスト教

◎　日本基督教団の部制　◎

第一部	日本基督教会
第二部	日本メソヂスト教会　美普教会日本年会　日本聖園教会
第三部	日本組合基督教会　基督同胞教会日本年会　福音教会日本年会　基督教会日本年会　基督友会日本年会
第四部	日本バプテスト基督教団
第五部	日本福音ルーテル教会
第六部	日本聖教会
第七部	日本伝道基督教団（日本イエス・キリスト教会、日本協同基督教会、基督教伝道教会、基督伝道隊、基督復興教会、日本ペンテコステ教会、日本聖潔教会）
第八部	日本聖化基督教団（日本自由メソヂスト教会、日本ナザレン教会東部部会、日本ナザレン教会西部部会、日本同盟基督協会、世界宣教団）
第九部	きよめ教会　日本自由基督教会
第十部	日本独立基督教会同盟会　ウェスレアン・メソヂスト教会　普及福音教会　日本一致基督教団　東京基督教会　日本聖書教会　聖霊教会　活水教会
第十一部	救世団（旧・日本救世軍）

（『日本基督教団史資料集1』より）

主公教教団》として認可され、さらに同年6月、プロテスタント各教派を統合する《日本基督教団》が成立しました。従来からキリスト教内部に教派合同の要請もあったとはいえ、同年12月8日、日本が太平洋戦争に突入したことを考えれば、日本基督教団成立が

第3節　20世紀前半の日本のキリスト教

国家の動きに対応するものであったことは明らかです。教団はそれまでの教派の違いから11の部に分けましたが、1年後には部制を解消しました。なお、合同に反対した聖公会は組織の解消をやむなくされ、一部の教会が教団に加わることになりました。スパイと疑われた救世軍は、当局に名称変更させられた後で参加しました。

戦争中、教会は礼拝の前に宮城（皇居）遥拝を強いられ、敵国の宗教ということで《特高（特別高等警察）》といわれる機関の見張りを受けることになりました。多くの教会は戦争協力の姿勢をとり、《基督教報国団》などが作られたほどです。教団の中で六部九部といわれたホーリネス系教会は強いキリスト再臨信仰が問題とされ、当局から治安維持法違反として激しく弾圧され、投獄された牧師なども出ましたが、それらキリスト者の抵抗は少数でした。

ただ、キリスト教主義学校がキリスト教を掲げること自体困難を伴う社会の中で、その多くは建学の精神に従って礼拝を守りました。

1910年に日韓併合をした植民地朝鮮との関係では、日本のキリスト教は後世厳しく批判される面を持っていたことは認めざるを得ません。朝鮮では1919年に独立を叫ぶ三・一独立運動が起こりましたが、日本の総督府がこれを厳しく弾圧し、朝鮮の教会を焼いたりしたことに対して、各教派は同情の意志を示したものの、朝鮮にある日本の教会は総督府を支持したといわれます。

戦時体制が進むにつれ、日本基督教団は朝鮮の教会に神社参拝を奨め、1944年のイースターには、教団統理名の《日本基督教団より大東亜共栄圏に在る基督教徒に送る書翰》によって、日本の植民地支配に対する抵抗の拠点となっていた朝鮮の教会の尊厳を傷つけました。

太平洋戦争（アジア・太平洋戦争）終結とともに、キリスト教会には、戦中の教会に対する抑圧による被害者意識と、戦争協力への反省の気持ちや植民地支配への加害者意識が複雑に混ざり、その総括は戦後日本のキリスト教にとっての大きな課題として残りました。

第五章　アジアと日本のキリスト教、そして現代世界のキリスト教

第4節
現代世界（第二次世界大戦後）における キリスト教

　第二次大戦の終結は日本社会に大変化をもたらしました。1945年にGHQ（連合国軍最高司令官総司令部）によって国家と神道の分離が命令され、翌年日本国憲法が公布されると、信教の自由は完全に保障されました。敵の宗教とされていたキリスト教は、占領軍の宗教として全く違って見られることになったのです。

　1951年にサンフランシスコ平和条約で独立が承認されてからも、同時に締結された日米安全保障条約によってアメリカとのつながりを緊密に持った日本においては、これまでの価値観が崩れたこととも重なって、キリスト教は一種のブームにさえなりました。

　同時に、戦前の国家によって合同させられたと感じた教派にとって、日本基督教団は無意味なものに映りました。また教団の中核的立場にあった教派でも、信仰的な立場から教団内に留まることができず、いくつもの教派や教会が教団を離脱しました（⇒表参照）。

　一方で教派を超えた連携を模索する動きとして、1948年《日本キリスト教協議会（NCC）》が成立しました。これは同年アムステルダムで《世界教会会議》が開かれ、44か国から147の教派の代表が集まって世界の教会の一致について論議したことが関係しています。このとき、おもにプロテスタント教会の交わりとして組織された世界教会協議会（WCC）は、後にロシア正教会ほかの東方正教会も加わり、ほぼ7年に1回総会を開いています。

　敗戦直後の1940年代後半から50年代は、明治期以来久しぶ

第4節　現代世界（第二次世界大戦後）におけるキリスト教

◎　日本基督教団から離脱して生まれた教派　◎

1945年	イムマヌエル綜合伝道団　在日大韓基督教会　日本聖公会
1946年	基督兄弟団　日本基督改革派教会　活水基督教団　救世軍
1947年	福音伝道協会（福音伝道教団）　日本バプテスト連盟　キリスト友会日本年会　日本ナザレン教団　日本福音ルーテル教会
1948年	日本同盟基督教団　基督心宗教団
1949年	福音ルーテル教会（フィンランド系）　日本アッセンブリーズ・オブ・ゴッド教団　日本ホーリネス教団　日本アライアンス教団　日本神の教会連盟
1951年	日本基督教会　日本イエス・キリスト教団
1952年	日本福音教団
1953年	日本自由メソヂスト教団
1958年	日本バプテスト同盟

（『日本基督教団史資料集3』より）

りにキリスト教学校が数多く開校し（⇒年表参照）、新しいキリスト教大学の展開も見られた時期です。1949年にアメリカの財政援助で国際基督教大学が創立され、また東京神学大学が日本基督教団立の大学として認可されました。キリスト教は戦後日本社会の近代化に精神面で影響を与え、キリスト教学校も社会的評価を取り戻すようになっていきます。

　1954年には日本基督教団が信仰告白を制定しました。これについては合同教会としての実質を備えたと評価される反面、教派の集まりとしての教団の難しさで、さまざまな意見があります。

第五章　アジアと日本のキリスト教、そして現代世界のキリスト教

　1959年にはプロテスタント宣教百年が記念され、1960年代にかけて国際ワールド・ビジョンやビリー・グラハム（W. F. グレイアム、1918 －　）などアメリカの伝道者が訪れて、《クルセード（十字軍）》と呼ばれる大衆伝道が盛んになり、大勢の回心者を出しました。これには賛否両論があり、情熱的説教による回心の奨めという伝道の方法が、日本の教会の自主的な伝道を乱すのではないかという批判も起こったのです。

　アメリカでは、人種差別が根深く残っており、1955年のモンゴメリにおけるバスボイコット運動をきっかけとして、マーティン・ルーサー・キング・ジュニア（1929 － 68）を指導者とする非暴力による公民権運動が盛り上がりました。1963年には歴史上最大のデモといわれる《ワシントン大行進》が行なわれ、キングの「私には夢がある」という演説がなされたことは有名です。彼らの努力で翌年には新公民権法が成立し、黒人に法律上の平等が認められたのですが、この成果をもたらしたキング牧師は暗殺されてしまいました。

　またこの時期はアメリカがヴェトナム戦争を行なって泥沼化し、日本では反戦デモが盛り上がり、教会でも抗議の声が上がりました。

　カトリック教会では大きな変化が起こり、教会の刷新を呼びかける教皇（法王）ヨハネス23世（在位1958 － 63）によって開かれた《第二ヴァティカン公会議》（全4会期、1962 － 65）において、教会の現代化を強調するとともに、他の教会に対する開かれた姿勢を示しました。東方正教会との関係においても、ヨハネス23世から引き継いだパウルス6世（在位1963 － 78）はその間に聖地巡礼し、イェルサレムで正教会の世界総主教であるアテナゴラス・コンスタンティノープル総主教と会談し、公会議終了直前に両教会は互いの破門（⇒第二章第2節参照）を解除する画期的な宣言を行なうことになります。

　さて、ドイツの教会が戦争直後にその罪と責任を認めた宣言を

第4節　現代世界（第二次世界大戦後）におけるキリスト教

出したことに比べ、日本の教会には戦争についての反省が不十分との批判がありましたが、1967年、日本基督教団総会議長の名前で《第二次大戦下における日本基督教団の責任についての告白》が出されました。これに関係し、教会と政治・社会との関係について、「教会は現実の政治に信仰の決断で責任を担うべきだ」という考えと、「教会は福音を述べ伝えることが第一目的であるから、政治的判断の分かれる問題については慎重にすべきだ」という考えの間で議論が起こり、その後も課題となっています。

戦死者を英霊として祀る靖国神社を国家が護持する法案が1969年に国会に出されると、これへの反対運動は、神道を再び国教化しようとすることに対して信教の自由を守る運動と理解される限り、教会内に支持を得ました。しかし「それでは不十分で、より積極的な反戦運動や社会変革に進むべきだ」という批判が、当時盛んだった急進的な学生運動などから提起され、1970年の大阪万国博覧会に日本キリスト教協議会（NCC）が「キリスト教館」を出したこととも関連して、特に日本基督教団内の意見の対立が深まりました。

それ以前から欧米でも、キリスト教が社会を変革する力になるより、資本主義体制を守るものになってしまっているのではないかという問いが出されていました。社会における宗教のあり方が根本から問われたのです。西ドイツ（当時）のユルゲン・モルトマン（1926－　）の『希望の神学』は、その問題提起に理解を示しながらも、イエス・キリストの十字架と復活に望みをおく終末論の信仰に支えられ、キリスト者が現状を変革し未来を形成する力の原点を説きました。

一方、社会主義国家による人権弾圧に東欧の教会が抵抗し、東ドイツ（当時）のライプツィヒの教会で始まった祈禱会から自由を求める運動が広がり、後にベルリンの壁の崩壊（1989年）につながった面もあります。

カトリック教会は社会問題に積極的に取り組む姿勢を持ち、特に

第五章　アジアと日本のキリスト教、そして現代世界のキリスト教

　修道女マザー・テレサ（1910－97）は、インドで「貧しい人々の中にいるキリストに仕えるため」スラムに入り、《死を待つ人の家》を作って祈りに支えられた献身的な奉仕を続けました。1979年にノーベル平和賞を受賞、81年来日し、経済的繁栄を誇る日本を批判しました。しかし彼女の運動は社会改良ではなく、「神がこの世を愛しておられると宣言すること」とされ、福音を伝えることと社会問題にキリスト者として取り組むこととの関係について、プロテスタント教会にも示唆を与えました。
　なお、日本のカトリックとプロテスタントは聖書の翻訳を共同で進め、1955年に完成した『口語訳聖書』に代わって、1987年に完成した『新共同訳聖書』が今では多くの教会で使われています。
　最近では、キリスト教内部での教派を超えた対話である《エキュメニカル運動》に留まらず、他宗教との対話も重視され、現ローマ教皇（法王）フランシスコは、過激派とは区別されるイスラム教指導者との接触も始めています。また《宗教多元主義》という考えも出ており、これはキリスト教信仰が独自の真理を保ちながら、他宗教の価値をも認めようとするものです。
　現在、ヨーロッパのキリスト教が弱体化していることは教会出席者数、会員数などの統計からもいわれますが、現代のキリスト教を理解するには、グローバルな視点が必要になります。そもそもキリスト教は、地域や民族に限定されないグローバルな宗教でした。それは「全世界に福音を宣べ伝えなさい」というイエスの命令から、パレスチナで成立したキリスト教が地中海世界そして内陸ヨーロッパへ、またそれ以外の世界へと広がったことでも明らかです。
　21世紀においては、特に中南米、アフリカ、中国などのクリスチャン人口が増加しています。数だけが大切なわけではありませんが、注目すべきことは、これが以前のようなヨーロッパ諸国による植民地化に伴うものではないということです。20世紀末から盛んになってきた《黒人神学》や南米の《解放の神学》、韓国の《民衆

第4節　現代世界（第二次世界大戦後）におけるキリスト教

の神学》のように、人種差別や植民地化、独裁政権と結びつきかねなかった過去を批判し、新しいキリスト教の理解を打ち立てようという動きもあります。キリスト教神学が今まで男性中心に考えてきたことに対して、聖書の読み方に女性の視点を重視する《フェミニスト神学》もその動きの一つです。

　一方、発展途上国でのキリスト教には聖霊の働きを強調する《ペンテコステ派》などの急速な拡大が見られます。これには信仰的には保守的でありながら、礼拝形式では歌や踊りを多用する新しい形が取り入れられています。

　以上に挙げた動きはそれぞれ立場は違いますが、伝統的なキリスト教とは異なる要素を持っており、日本のキリスト教会がそれをどう受け止めるかは課題とされています。

　また核（原発を含む）問題、環境問題、貧富の格差や難民問題などを抱えた世界における教会のあり方も、問われています。これはイエス・キリストによる救いという福音の中心を見失うことなく、それを生きた力として現代世界の問題に関わらせるという大切な課題です。

　21世紀のキリスト教界があるべき姿は何か、日本のキリスト教は今後どうなっていくのか、皆さんはどうお考えでしょうか。

キリスト教史略年表（1）　1世紀から11世紀

30頃	イエス刑死　ペンテコステ	435頃	パトリキウス、アイルランドに伝道
33頃	パウロ回心	448	教皇レオ1世、ローマ司教の首位権主張
47頃	パウロの第一回伝道旅行	451	カルケドン公会議
48頃	イェルサレム使徒会議	476	西ローマ帝国滅亡
49	パウロの第二回伝道旅行（～52頃）	496	クローヴィス、アタナシウス派に改宗
53	パウロの第三回伝道旅行（～56頃）	527	ユスティニアヌス1世、ビザンツ皇帝となる（～65）
64	ローマの大火　ネロ帝の迫害	529頃	ベネディクトゥス、モンテ・カッシノに修道院
66	第一次ユダヤ戦争（～70）　エルサレム陥落	534	ユスティニアヌス帝、『ローマ法大全』完成
69頃	マルコによる福音書成立	590	教皇グレゴリウス1世即位（～604）
95	いわゆるドミティアヌス帝の迫害（～96）	596	カンタベリーのアウグスティヌス、イギリス（イングランド）伝道開始
112頃	キリスト教徒の取り扱いをめぐる総督プリニウスとトラヤヌス帝の往復書簡	622	ヒジュラ（ムハンマド、メッカからメディナへ）、イスラム教団確立
132	第二次ユダヤ戦争（～135）	664	イギリス（イングランド）、ホイットビー会議
135頃	グノーシスさかんとなる	711	西ゴート王国滅亡　イスラム、イベリア半島支配開始
144	マルキオン破門され、マルキオン派教会成立	717	イスラム軍コンスタンティノープルを包囲し敗退（～718）
250	デキウス帝の迫害	726	ビザンツ皇帝レオン3世、「聖画像禁止令」
285頃	アントニオス、砂漠で修道生活を始める	732	トゥール・ポワティエ間の戦い
293	ディオクレティアヌス帝の四分割統治	756	小ピピン、ラヴェンナを教皇に寄進、いわゆる教皇領の始まり
303	ディオクレティアヌス帝の「大迫害」（～304）	800	カール大帝、西ローマ帝国復興
313	いわゆるミラノの寛容令（キリスト教公認）	843	ヴェルダン条約でフランク王国三分割
320頃	パコミオス、共住修道院を始める	910	クリュニー修道院設立
321	日曜日を休日とする	962	オットー1世戴冠、神聖ローマ帝国の起源
325	ニカイア公会議（宗教会議）	988	キエフ大公ウラディーミル1世、ギリシア正教に改宗、翌年国教化
330	ビザンティオンに遷都、後にコンスタンティノポリス（コンスタンティノープル）と改称	1054	東西教会の相互破門
361	ユリアヌス帝異教復興	1066	ノルマンのイングランド征服
381	コンスタンティノポリス公会議	1077	カノッサの屈辱
392	テオドシウス1世、他宗教を禁止、キリスト教国教化の完成	1095	クレルモン公会議
395	ローマ帝国の東西分割	1096	第一回十字軍（～99）
397	カルタゴ公会議　聖書正典の決定	1098	シトー修道会設立
405頃	ヒエロニムス『ヴルガータ』		
413	アウグスティヌス『神の国』（～26）		
431	エフェソス公会議、ネストリオス（ネストリウス）派異端とされる		

キリスト教史略年表（2） 12世紀から16世紀

年	事項
1113	ヨハネ騎士団結成
1119	テンプル騎士団結成
1122	ヴォルムス協約
1163	パリ・ノートルダム大聖堂建立（～1245）
1170	トマス・ベケット暗殺
1184	ワルドー派破門
1187	アイユーブ朝サラディン、エルサレム占領
1189	第三回十字軍（～92）
1202	第四回十字軍（～04）、ラテン帝国を立てる（1204～61）
1204	第四回ラテラノ公会議、カタリ派を異端とする
1208	アッシジのフランチェスコ回心
1209	アルビジョワ十字軍（～29）
	教皇インノケンティウス3世、ジョン王を破門
1216	ドミニコ修道会認可
1223	フランチェスコ修道会認可
1245	教皇、モンゴルにプラノ・カルピニを派遣
1254	ギョーム・ド・ルブルック、モンゴル皇帝に謁見
1265	トマス・アクィナス『神学大全』（～73）
1270	十字軍でフランス王ルイ9世病死
1294	モンテ・コルヴィノ、大都（北京）で伝道（～1328）
1302	フランス王フィリップ4世、教皇ボニファティウス8世に対抗し三部会招集
1309	教皇のバビロン捕囚（～77）
1378	大シスマ（教会大分裂）（～1417）
1381	イギリス、ワット・タイラーの一揆
1382	ウィクリフ、『英訳聖書』完成
1414	コンスタンツ公会議（～18）、その中でフス火刑（1415）
1419	フス戦争（～36）
1453	コンスタンティノープル陥落によりビザンツ帝国滅亡
1481～	スペイン異端審問でワルドー派、ユダヤ人など弾圧
1492	スペイン国土回復運動（レコンキスタ）完成
	コロンブス、サン・サルヴァドル島到達
1498	サヴォナローラ火刑
1509	イギリス、ヘンリ8世即位
1516	トマス・モア『ユートピア』
1517	ルター《95か条の論題》
1519	ライプツィヒ討論
1521	教皇、ルターを破門、ヴォルムス帝国議会
1522	ルター『ドイツ語訳新約聖書』
1524	ドイツ農民戦争（～25）
1526	ルターとツヴィングリの論争
1529	第二回シュパイアー帝国議会（「プロテスタント」の語源）
1531	ツヴィングリ、第二次カッペル戦争で戦死
1534	イギリス「首長令（国王至上法）」
	イエズス会成立
1536	カルヴァン『キリスト教綱要』初版（バーゼルで）
	カルヴァンのジュネーヴでの改革開始
1542	ザビエル東洋伝道開始、ゴアに到着
1543	コペルニクス『天体の回転について』
1545	トリエント公会議（断続的に3回）（～63）
1546	シュマルカルデン戦争（～47）
1547	イギリス、エドワード6世即位
1548	イグナティウス・デ・ロヨラ『心霊修業（霊操）』
1549	ザビエル、鹿児島で伝道開始
1553	イギリス、メアリ1世即位、カトリックに戻す
1555	ドイツ、アウクスブルクの宗教和議
1556	イギリス、クランマー火刑
1558	イギリス、エリザベス1世即位
1559	イギリス、女王が最高統治者となる
1562	フランス、ユグノー戦争（～98）、その中でサン・バルテルミの虐殺（1572）
1563	イギリス国教会《39か条》
	ドイツ『ハイデルベルク教理問答』
1564	カトリック『禁書目録』を教皇承認
1567	長老派、スコットランドの国教に
1568	ネーデルラント独立戦争始まる
1579	ヴァリニャーノ来日
1582	天正遣欧使節（～90）、その中で教皇に謁見（1585）
1587	秀吉の伴天連追放令
1598	フランス、ナントの勅令（アンリ4世）

キリスト教史略年表（3） 17世紀から19世紀前半

年	出来事
1603	イギリス、エリザベス1世没、ステュアート朝ジェームズ1世即位
1607	イギリス（イングランド）国教徒、北アメリカヴァージニア移住
1609	オランダ、平戸に商館設置
1611	ジェームズ1世、『欽定訳聖書』
1614	徳川幕府の禁教令、全国に及ぶ
1618	オランダ、ドルト会議（〜19）
	ドイツ三十年戦争（〜48）
1620	メイフラワー号、アメリカ北東海岸到達
1637	島原・天草一揆（〜38）
1639	イギリス（スコットランド）第一回主教戦争
	徳川幕府、ポルトガル船来航を禁止・鎖国令
1641	平戸のオランダ商館を長崎の出島に移す
1642	イギリス、ピューリタン革命の内乱（〜49）
1647	イギリス、「ウェストミンスター信仰告白」議会承認
1647頃	フォックス、クエーカー派を起こす
1648	ウェストファリア条約
1660	イギリス王政復古　チャールズ2世即位
1667	ミルトン『失楽園』（〜68）
1670	ドイツ、敬虔主義運動起こる
1673	イギリス「審査法」
1678	バニヤン『天路歴程』第一部
1687	フランケ、シュペーナーにより回心
1688	イギリス、名誉革命（〜89）
1689	イギリス《権利宣言》→《権利章典》
	ロック『寛容に関する書簡』
1694	ドイツ、ハレ大学創設
1704	中国（清朝）典礼問題表面化
1707	イングランドとスコットランド合同し、大ブリテン王国成立
1723	清朝、キリスト教布教禁止
1724	ツィンツェンドルフ伯、ヘルンフートを建設
1729	ウェスリ兄弟、ホーリークラブを結成
1734〜	アメリカ、エドワーズらの大覚醒（第一次信仰復興運動）
1738	ウェスリの回心
1773	教皇イエズス会解散を命令
1775	アメリカ独立革命（〜83）その中でアメリカ独立宣言（1776）
1789	フランス革命始まる
1792〜	イギリスのケアリ、インド伝道開始
1795〜	アメリカ、第二次信仰復興運動
1799	ナポレオン、フランスの第一統領となり、実権掌握
1801	大ブリテン・アイルランド連合王国
	ナポレオンと教皇庁、政教協約（コンコルダート）
1804	ナポレオン、フランス皇帝に即位（第一帝政）（〜14）
1807	ロンドン宣教会のモリソン、中国伝道開始
1814	ウィーン会議（〜15）
1821	シュライアマッハー『キリスト教信仰論』（〜22）
1828	イギリス、「審査法」廃止
1829	イギリス「カトリック解放法」
1833	イギリス、「奴隷解放法」、オックスフォード運動
1840	アヘン戦争（〜42）
1844	YMCA創立
1846	ベッテルハイム、沖縄に到着
1848	フランス二月革命
	イタリアで革命運動により教皇亡命
1849	キルケゴール『死に至る病』

キリスト教史略年表（4） 19世紀後半から20世紀初め（第一次世界大戦まで）

年	事項	年	事項
1854	日米和親条約、日英和親条約	1885	内閣制度成立　○北陸学院○福岡女学院
1855	ロンドンでYWCA創立	1886	日本組合基督教会成立
1858	日米修好通商条約		日本基督教婦人矯風会創立
1859	神奈川（横浜）、長崎、箱館（函館）開港		○東北学院○弘前学院○松山東雲学園
	リギンズ、ウィリアムズ、ヘボン、ブラウン、シモンズ、フルベッキ来日		○宮城学院○捜真学院○広島女学院
	ダーウィン『種の起源』	1887	日本聖公会成立　○北星学園○名古屋学院○普連土学園○静岡英和女学院
1860	ゴーブル来日	1888	○共愛学園○香蘭女学校▲暁星学園
1861	バラ夫妻来日、ロシア正教会ニコライ来日	1889	「大日本帝国憲法」発布　○山梨英和学院○金城学院○関西学院○頌栄保育学院
	イタリア王国成立、南北戦争（～65）		
1862	カトリック、横浜に初の天主堂建立	1890	「教育勅語」発布
1863	アメリカ、奴隷解放宣言　○明治学院	1891	内村鑑三不敬事件
1865	イギリス、ブース、救世軍創立		東京復活大聖堂（ニコライ堂）完成
	カトリック、大浦天主堂完成		○松山学院
1867	大政奉還、王政復古	1892	○松蔭女子学院○尚絅学院▲盛岡白百合学園▲海星学校
1868	明治維新		
1869	第一ヴァティカン公会議（～70）	1893	条約改正交渉
1870	普仏戦争（～71）　イタリア、教皇領併合　○フェリス女学院○女子学院		○日ノ本学園▲仙台白百合学園
		1894	日清戦争（～95）
1871	ドイツ統一、ドイツ文化闘争（～87）	1895	救世軍へ山室軍平入隊
	○横浜共立学園	1898	米西戦争（アメリカ、フィリピンを領有）
1872	日本（横浜）基督公会創立		○三育学院○柳城学院
	○東奥義塾○梅光学院	1899	「私立学校令」、「文部省訓令第十二号」
1873	徴兵令・紀元節制定	1900	▲横浜雙葉学園
	キリシタン禁制の高札撤去	1901	福音同盟会「20世紀大挙伝道」　植村・海老名「福音主義論争」　清和学園
1874	『民撰議院設立の建白書』		
	○遺愛学院○立教学院○青山学院	1903	内村鑑三の非戦論
1875	神戸女学院○同志社		○聖学院▲静岡雙葉学園
1876	熊本バンド《奉教趣意書》	1904	日露戦争（～05）
	クラーク来日	1905	○大阪キリスト教学院
1877	日本基督一致教会創立	1907	日本メソジスト教会成立
	札幌バンドの誓約　○立教女学院	1908	オーストリア、ボスニア・ヘルツェゴビナを併合　○山形学院▲聖心女子学院
1878	○梅花学園▲函館白百合学園		
1879	東京招魂社を靖国神社と改称	1909	伊藤博文暗殺　○ルーテル学院
	○プール学院○活水学院	1910	韓国併合、エディンバラ世界宣教会議
1880	東京基督教青年会YMCA結成		基督教教育同盟会成立
	『六合雑誌』創刊　○横浜英和学院	1911	中国、辛亥革命　○九州学院
1881	「国会開設の勅諭」発布　○鎮西学院	1913	▲上智大学
	▲東京白百合学園	1914	第一次世界大戦開始（～18）
1882	「軍人勅諭」発布　○大阪キリスト教青年会（現在の法人名）	1916	吉野作造、民本主義を主張　○西南学院
		1917	ロシア革命
1884	○大阪女学院○桃山学院○関東学院	1918	米騒動起こる
	○東洋英和女学院○頌栄女子学院		○東京女子大学○岐阜済美学院

○はキリスト教学校教育同盟加盟校の創設年で、同盟への届出による。なお、学校名は創設当初のものではなく、現在の届出名称。▲はカトリック校で、年表（4）の範囲のものに限定した。

キリスト教史略年表（5） 20世紀（第一次世界大戦後）

年	事項	年	事項
1919	朝鮮、三・一独立運動 パリ講和会議、ヴェルサイユ条約ほか バルト『ローマの信徒への手紙（講解）』	1946	「日本国憲法」「教育基本法」「学校教育法」 　公布　○聖書学園○平和学園
1920	国際連盟設立、日本加盟 ○日本聾話学校	1947	「日本国憲法」施行 ○新島学園○横浜学院
1921	ワシントン会議（〜 22） ○自由学園○桜美林学園	1948	アムステルダム世界教会会議 日本キリスト教協議会（NCC）結成 ○茨城キリスト教学園
1922	全国水平社創立 ○西南女学院○近江兄弟社学園	1949	中華人民共和国成立、東西ドイツ分離 ○国際基督教大学○四国学院
1923	関東大震災 日本基督教連盟　○啓明学院	1950	朝鮮戦争（〜 53） ○横須賀学院○玉川聖学院
1925	日本「治安維持法」、「男子普通選挙法」	1951	サンフランシスコ講和会議 日本基督教会創立、この前後教派の独立
1926	12月に昭和と改元　○九州ルーテル学院		相次ぐ　○清教学園○聖望学園
1929	ラテラノ協定（教皇とイタリア政府） ○恵泉女学園	1953	○浦和ルーテル学院○聖ステパノ学園 ○広島三育学院
1931	満州事変	1954	日本基督教団「信仰告白」、同教団讃美歌
1932	ドイツ・キリスト者運動起こる		委員会『讃美歌』　○沖縄三育学院
1933	ドイツ、ヒトラー内閣成立 日本、国際連盟脱退　○酪農学園	1955	『口語訳聖書』完成
1934	ドイツ、告白教会《バルメン宣言》 ○基督教独立学園○清水国際学園	1956	日本、国際連合に加盟　○クラーク学園
1935	ドイツ、「ニュルンベルク法」でユダヤ人 迫害激化　○折尾愛真学園	1957	○沖縄キリスト教学院
1936	二・二六事件	1960	新日米安全保障条約
1937	盧溝橋事件による日中戦争本格化	1962	第二ヴァティカン公会議（〜 65） ○聖光学院
1938	国家総動員法	1963	アメリカ、ワシントン大行進 ○八代学院○愛農学園
1939	ドイツのポーランド侵攻により第二次世 界大戦開始、日本「宗教団体法」	1964	○名古屋学院大学
1940	日独伊三国軍事同盟、大政翼賛会 「皇紀二千六百年奉祝全国基督信徒大会」 ○啓明学園	1965	アメリカ、ヴェトナムで北爆開始 ローマ・カトリックとギリシア正教和解
		1966	中国、文化大革命 ○東京キリスト教学園○聖隷学園
1941	真珠湾攻撃による太平洋戦争開始 日本基督教団設立	1967	日本基督教団戦争責任告白　○敬和学園
1942	ミッドウェー海戦、基督教報国団 ○聖坂学院	1970	大阪万国博覧会、日本キリスト教連合会 「靖国神社法案に反対する声明」
1943	学徒出陣　○東京神学大学	1980	韓国、光州事件
1944	《日本基督教団より大東亜共栄圏に在る基 督教徒に送る書翰》	1981	ローマ教皇来日、マザー・テレサ来日
		1987	『新共同訳聖書』完成
1945	ボンヘッファー刑死、ドイツ降伏 沖縄戦、広島・長崎に原爆投下、終戦 ○長崎学院	1988	○キリスト教愛真高等学校
		1989	ベルリンの壁開放と米ソ首脳会談による 東西冷戦終結
		1993	ヨーロッパ連合（EU）発足
		1997	日本基督教団讃美歌委員会『讃美歌21』

おわりに

　この本は日本で書かれた最も小さい『キリスト教史』の一つです。まだ世界史を習得していない人たちをも対象に含めて書きました。したがって大きな歴史の流れを見通しながら、その中でどのようにキリスト教史上の重要な出来事や人物を位置づけ、その意味を理解していただくかということに心を配りました。

　何より困難を感じたのは、重要な歴史的事実を伝えることと若い人たちがキリスト教に積極的な気持ちを持ってくださることとのバランスでした。キリスト教が歴史にいかに大きな影響を与えたかはおわかりいただけたと思いますが、キリスト教の歴史は決して美しいことばかりではないからです。しかし、それらを越えて、イエス・キリストを通してご自身を示された神を信じた人々の歩みが、キリスト教史なのです。

　この本を聖書の授業の教材として使われる先生方は、取捨選択して重要と思われる事項、特に教義的な面を深め、また先生方が関心をお持ちで省略されていることを補ってくださるとよいと思います。本書を手がかりに読者の皆さんが自分で考える材料にしていただければ幸いです。

　この小冊子をまとめるにあたり、その対象の広さから、たくさんの書物を参考にさせていただきました。ここに一つひとつ書名を記すことはできませんが、厚く感謝を申し上げます。

　最後に、企画委員として草稿に目を通して適切な助言をくださった桜美林学園中学高等学校前校長本田栄一先生、キリスト教学校創設年代についての資料を提供してくださったキリスト教学校教育同盟事務局前主事花島光男先生、さまざまにご配慮くださった教団出版局秦一紀さんをはじめスタッフの皆さまに厚く御礼申し上げます。

大村修文（おおむら・ただふみ）
1944年生まれ。
早稲田大学大学院文学研究科史学専攻修士課程修了。
元・青山学院高等部部長。
キリスト教史学会会員。

訳書　エーミル・ブルンナー『教義学Ⅲ』上・下《ブルンナー著作集4・5》（共訳・教文館）
論文　「キリスト教史方法論におけるトレルチの宗教社会学」（『キリスト教史学』45集、1991年）ほか

キリスト教史 はじめの一歩

2010年11月15日　初版発行　　　© 大村修文 2010
2019年 4 月15日　7 版発行

著者　大村修文

発行所　日本キリスト教団出版局
〒169-0051　東京都新宿区西早稲田2の3の18
電話 03-3204-0422（営業）、03-3204-0424（編集）
http：//bp-uccj.jp

装丁　高田ゲンキ

印刷・製本　三秀舎
ISBN978-4-8184-0763-3
C0016　日キ販　Printed in Japan